STARS

Strategies
To
Achieve
Reading
Success

Spanish Edition

W9-AZC-064

Curriculum Associates

RECONOCIMIENTOS

Desarrollo del producto

Autoras: Deborah Adcock, Joan Krensky

Con la colaboración de: Patricia Delanie, Barbara Fierman

Gerentes editoriales del proyecto

Deborah Adcock, Pamela Seastrand

Diseño

Diseño de la portada: Matt Pollock

Diseño del libro: Pat Lucas

Créditos de las ilustraciones y fotografías

Jamie Ruh/páginas 6, 10, 12, 18, 21, 23, 26, 28, 31, 40, 42, 45, 67, 68, 74

©2010 JupiterImages Corporation/páginas 16, 17, 23, 81, 86, 94, 104, 120

Library of Congress, Prints and Photographs Division, LC-USZ62-119882/página 33

Susan Hawk/páginas 50, 52, 65, 76, 79, 84, 99, 129, 130, 135, 140, 143

Cortesía del Children's Defense Fund, Washington, D.C./página 102

Gary Torrisi/páginas 113, 115

Cortesía de la Federation Internationale de Football Association, Zurich, Switzerland/página 123

CONTENIDO

HALLAR LA IDEA PRINCIPAL

PARTE UNO: Piensa en la estrategia

¿Qué es la idea principal?

Todos los cuentos, poemas y artículos tienen una idea principal. Una película o un programa de televisión también tiene una idea principal. La idea principal dice de qué trata algo en general.

 Escribe el nombre de un libro que hayas leído en la escuela o en la casa.

_____

 Escribe algunas de las cosas que pasan en el libro.

_____

_____

_____

 Cuenta de qué trata principalmente el libro.

_____

_____

Trabaja con un compañero

- Comenten sobre una película o un programa de televisión que hayan visto.
- Túrnense para hablar de la idea principal de la película o del programa.
- Traten de decir la idea principal en una oración.

¿Cómo hallas la idea principal?

Puedes hallar la idea principal de la mayoría de las lecturas en la primera o en la última oración.

Lee este relato sobre los castores. Piensa en la idea más importante de la lectura.

> Los castores tienen partes especiales en el cuerpo que los ayudan bajo el agua. Las orejas y la nariz se cierran para que el agua no entre. Los dedos palmeados les ayudan a nadar y los párpados transparentes les permiten ver bajo el agua.

1. Observa la siguiente tabla.

Las oraciones que se encuentran en los tres cuadros de la parte superior indican la idea principal del relato. Pero no nos dicen la idea más importante.

2. Observa otra vez el relato. La primera oración del relato es la idea más importante. Ésta nos dice de que trata principalmente la lectura.

3. Escribe la idea principal en el cuadro vacío de abajo.

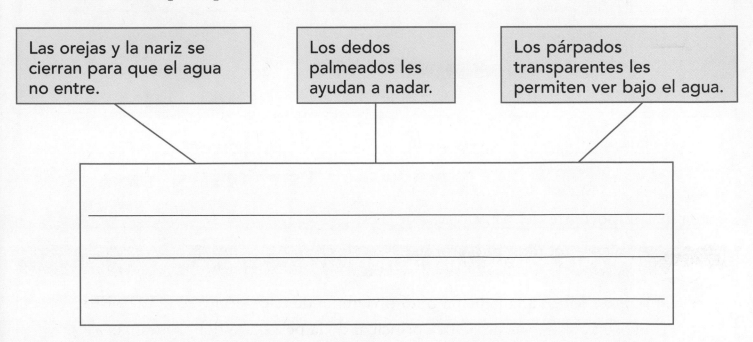

| Las orejas y la nariz se cierran para que el agua no entre. | Los dedos palmeados les ayudan a nadar. | Los párpados transparentes les permiten ver bajo el agua. |

LO QUE DEBES SABER

La idea más importante de un párrafo se llama **idea principal**. La idea principal dice de qué trata un párrafo en general.

- A veces puedes hallar la idea principal en la primera oración de un párrafo.
- A veces puedes hallar la idea principal en la última oración de un párrafo.
- Otras veces la idea principal no está en el párrafo. Puedes deducirla al pensar en la idea más importante del párrafo.

Lee lo que Louis escribió sobre las ranas. Mientras lees, piensa en la idea más importante del párrafo.

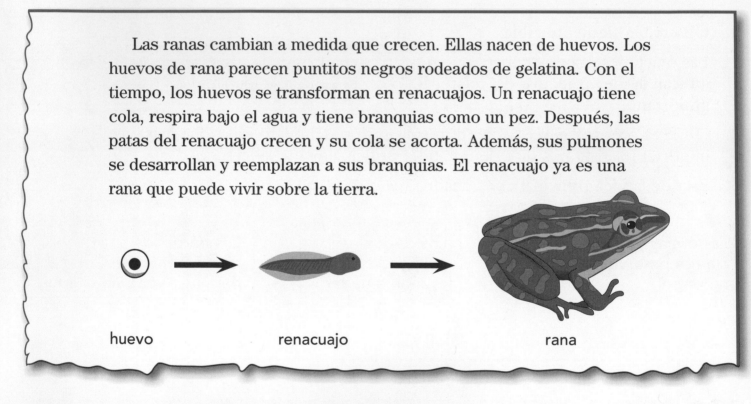

Las ranas cambian a medida que crecen. Ellas nacen de huevos. Los huevos de rana parecen puntitos negros rodeados de gelatina. Con el tiempo, los huevos se transforman en renacuajos. Un renacuajo tiene cola, respira bajo el agua y tiene branquias como un pez. Después, las patas del renacuajo crecen y su cola se acorta. Además, sus pulmones se desarrollan y reemplazan a sus branquias. El renacuajo ya es una rana que puede vivir sobre la tierra.

huevo   renacuajo   rana

La idea más importante del párrafo de Louis es:

Las ranas cambian a medida que crecen.

Lee este párrafo sobre Ben. Mientras lees, piensa en la idea principal del párrafo. Luego responde las preguntas.

Un día enfermo

Ben tomó un libro y comenzó a leer. Después de unos minutos, cerró el libro y suspiró. Luego encendió el televisor. Ben recorrió una docena de canales, pero no pudo encontrar ningún programa interesante. Su almuerzo estaba sobre la mesa junto a su cama. Ni siquiera tenía hambre. Ben debía admitir que estar enfermo y quedarse en casa era bastante aburrido.

1. ¿Cuál es la idea principal del párrafo?

Ⓐ Ben no tiene ganas de comer.

Ⓑ A Ben le gusta leer cuando está enfermo.

Ⓒ Quedarse en casa enfermo puede ser aburrido.

Ⓓ No hay nada entretenido en la televisión durante el día.

2. ¿Cómo o dónde hallaste la idea principal?

Ⓐ en la primera oración del párrafo

Ⓑ en la última oración del párrafo

Ⓒ en la parte central del párrafo

Ⓓ al pensar en la idea más importante del párrafo

Trabaja con un compañero

- Comenten sus respuestas a las preguntas.
- Digan por qué eligieron sus respuestas.
- Después comenten lo que han aprendido hasta ahora acerca de la idea principal.

 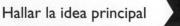

REPASO

La idea principal dice de qué trata un párrafo en general.

- Lee la primera oración del párrafo. A veces la idea principal se encuentra allí.

- Lee la última oración del párrafo. A veces la idea principal se encuentra allí.

- Otras veces la idea principal no está en el párrafo. Puedes deducirla al pensar en la idea más importante del párrafo.

Lee este artículo sobre las celebraciones. Mientras lees, pregúntate: "¿De qué trata el artículo?". Luego responde a las preguntas.

¿Cuándo celebras el Año Nuevo? En los Estados Unidos, Europa y Japón, la mayoría de las personas celebra el Año Nuevo el 1 de enero. En China, el Año Nuevo comienza a veces entre mediados de febrero y mediados de marzo. Los judíos celebran el Año Nuevo en otoño. En Irán, el Año Nuevo comienza el primer día de la primavera.

3. ¿De qué trata principalmente el artículo?

Ⓐ los países que celebran el Año Nuevo el primero de enero

Ⓑ por qué el Año Nuevo comienza en un día diferente cada año

Ⓒ las diferentes fechas en las que se celebra el Año Nuevo

Ⓓ las personas que celebran el Año Nuevo en otoño

4. ¿Dónde o cómo hallaste la idea principal?

Ⓐ en la primera oración del párrafo

Ⓑ en la última oración del párrafo

Ⓒ en la mitad del párrafo

Ⓓ al pensar en la idea más importante del párrafo

¿Cuál es la respuesta correcta y por qué?

**Observa las opciones de respuesta para cada pregunta.
Lee por qué cada opción es correcta o no lo es.**

3. ¿De qué trata principalmente el artículo?

   Ⓐ **los países que celebran el Año Nuevo el primero de enero**

   Esta respuesta no es correcta porque el artículo dice que muchos países celebran el Año Nuevo en fechas diferentes.

   Ⓑ **por qué el Año Nuevo comienza en un día diferente cada año**

   Esta respuesta no es correcta porque el Año Nuevo no cae en un día diferente cada año. Las personas de diferentes países lo celebran en diferentes fechas.

   ⬤ **las diferentes fechas en las que se celebra el Año Nuevo**

   Esta es la respuesta correcta porque incluye todas las ideas del artículo. Es la idea más importante. Indica de qué trata principalmente el artículo.

   Ⓓ **las personas que celebran el Año Nuevo en otoño**

   Esta respuesta no es correcta porque no es la idea más importante del artículo. No dice de qué trata el artículo en general.

4. ¿Dónde o cómo hallaste la idea principal?

   Ⓐ **en la primera oración del párrafo**

   Esta respuesta no es correcta porque la primera oración es: *"¿Cuándo celebras el Año Nuevo?"*. Esta no es la idea más importante del artículo.

   Ⓑ **en la última oración del párrafo**

   Esta respuesta no es correcta porque la última oración es: *"En Irán, el Año Nuevo comienza el primer día de la primavera"*. Esta no es la idea más importante del artículo.

   Ⓒ **en la mitad del párrafo**

   Esta respuesta no es correcta porque la mitad del párrafo dice cuándo la gente celebra el Año Nuevo en China. Además, la idea principal se halla con más frecuencia en la primera o la última oración del párrafo, no en la mitad.

   ⬤ **al pensar en la idea más importante del párrafo**

   Esta es la respuesta correcta porque la idea principal no se halla ni en la primera ni en la última oración, ni en la mitad del párrafo. La idea principal se halla al pensar en la idea más importante del artículo. Esta respuesta incluye todas las demás ideas del artículo.

ALGO MÁS

- Cada párrafo de una lectura tiene una idea principal. Una lectura completa con dos o más párrafos, también tiene una idea principal. La idea principal de una lectura completa se halla en el primer o en el último párrafo.
- El título de una lectura dice algo sobre la idea principal.

Lee este artículo sobre los pájaros. Luego responde a las preguntas.

Plumas internas y externas

Los pájaros tienen dos tipos de plumas. Las plumas externas son las que ayudan al pájaro a mantenerse seco. Estas plumas son lisas y suaves y se cubren entre sí formando una especie de abrigo.

Debajo de las plumas externas hay un tipo de plumas diferentes. A estas plumas se les llama "plumones". Los plumones son suaves y lanudos y están justo encima de la piel del pájaro para mantenerlo caliente. Las crías de pájaro sólo tienen plumones. Las plumas externas crecen a medida que el pájaro se desarrolla.

5. ¿Cuál es la idea principal del primer párrafo?
   - Ⓐ Las plumas externas son lisas y suaves.
   - Ⓑ Las plumas externas mantienen seco al pájaro.
   - Ⓒ Las plumas mantienen secos a los pájaros.
   - Ⓓ Todos los pájaros tienen plumas.

6. ¿Cuál es la idea principal del último párrafo?
   - Ⓐ Los plumones mantienen calientes a los pájaros.
   - Ⓑ Los plumones son lanudos.
   - Ⓒ Las plumas mantienen calientes a los pájaros.
   - Ⓓ Las crías de pájaro sólo tienen plumones.

7. ¿De qué trata principalmente el artículo?
   - Ⓐ Las plumas externas crecen en los pájaros a medida que se desarrollan.
   - Ⓑ Los pájaros tienen dos tipos de plumas.
   - Ⓒ Todos los pájaros tienen plumas.
   - Ⓓ A las plumas se les llama "plumones".

8. ¿Qué otro título sería bueno para este artículo?
   - Ⓐ "Las crías de pájaros"
   - Ⓑ "Dónde hallar pájaros"
   - Ⓒ "Cómo vuelan los pájaros"
   - Ⓓ "Todo sobre las plumas"

Lee este cuento sobre Tim. Luego responde a las preguntas.

Tim corrió hacia la casa y llamó a su mamá. Estaba ansioso por describirle su primer día en el campamento.

—El campamento fue fantástico —dijo Tim—. Conocí a muchos niños y nos divertimos mucho nadando, jugando baloncesto y pintando.

—Conocí a una niña que es de California. Está visitando a su abuela y su mamá es médico. Ella es hija única, así es que a veces se queda sola. Ella está en tercer grado, igual que yo. También tenemos mucho en común, porque a ella le gusta el tenis, los lagartos y colecciona estampillas.

—¿Y cómo se llama esta niña? —preguntó Mamá.

—¿Cómo voy a saberlo? —dijo Tim, sorprendido por la pregunta de su madre—. Los niños no hablamos de cosas personales, Mamá.

La mamá se rió mientras Tim salía a jugar con sus amigos del vecindario.

9. ¿Cuál es la idea principal del párrafo 2?
   Ⓐ Tim no quería ir al campamento.
   Ⓑ Tim se divirtió nadando en el campamento.
   Ⓒ Tim había tenido un buen día en el campamento.
   Ⓓ Tim llamó a su mamá.

10. ¿Cuál es la idea principal del párrafo 3?
    Ⓐ Tim conoció una amiga nueva.
    Ⓑ Tim se divirtió nadando.
    Ⓒ Tim disfrutó su día.
    Ⓓ Tim tenía problemas para hacer amigos nuevos.

11. El cuento trata principalmente de
    Ⓐ cómo hacer amigos nuevos.
    Ⓑ practicar deportes.
    Ⓒ el primer día en un campamento.
    Ⓓ las cosas que las personas hacen en un campamento.

12. ¿Cuál sería un buen título para este cuento?
    Ⓐ "Problemas en el campamento"
    Ⓑ "La niña de California"
    Ⓒ "Diversión en el campamento"
    Ⓓ "La nueva amiga de Tim"

CONSEJOS

- En una prueba sobre la idea principal pueden preguntarte de qué trata una lectura *principalmente* o *en general*.
- En una pregunta de prueba sobre la idea principal pueden pedirte que elijas el mejor nombre o el mejor título para una lectura. Un buen título dice algo sobre la idea principal de toda la lectura.

Lee este artículo sobre una casa famosa. Luego responde a las preguntas sobre el artículo. Elige la mejor respuesta a las Preguntas 13 y 14.

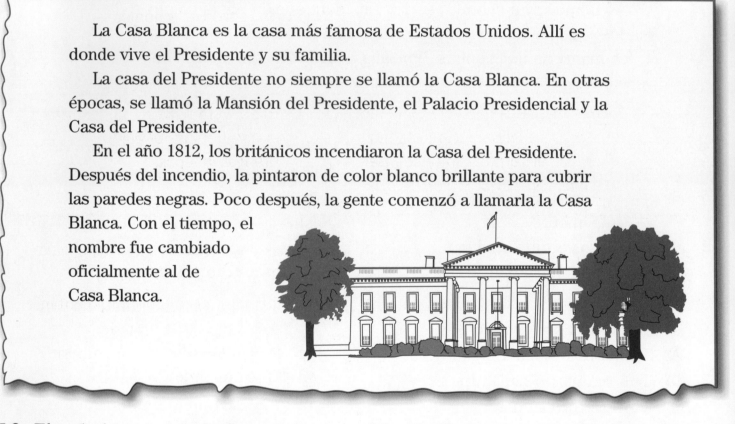

La Casa Blanca es la casa más famosa de Estados Unidos. Allí es donde vive el Presidente y su familia.

La casa del Presidente no siempre se llamó la Casa Blanca. En otras épocas, se llamó la Mansión del Presidente, el Palacio Presidencial y la Casa del Presidente.

En el año 1812, los británicos incendiaron la Casa del Presidente. Después del incendio, la pintaron de color blanco brillante para cubrir las paredes negras. Poco después, la gente comenzó a llamarla la Casa Blanca. Con el tiempo, el nombre fue cambiado oficialmente al de Casa Blanca.

13. El artículo trata principalmente de
Ⓐ dónde vive el presidente.
Ⓑ cómo la Casa Blanca obtuvo su nombre.
Ⓒ cuándo se quemó la Casa Blanca.
Ⓓ quién pintó la Casa Blanca.

14. ¿Cuál sería el mejor título para el artículo?
Ⓐ "Las casas famosas"
Ⓑ "La Mansión del Presidente"
Ⓒ "Una casa famosa, muchos nombres"
Ⓓ "Mansiones y palacios"

Lee esta fábula sobre una hormiga y un saltamontes. Luego responde a las preguntas sobre la fábula. Elige la mejor respuesta a las Preguntas 15 y 16.

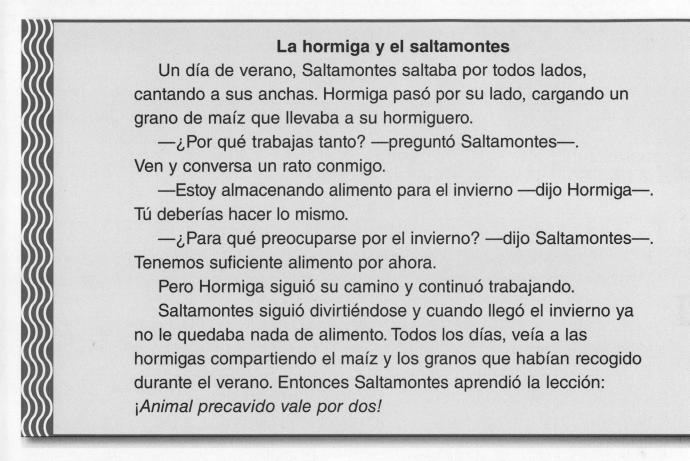

La hormiga y el saltamontes

Un día de verano, Saltamontes saltaba por todos lados, cantando a sus anchas. Hormiga pasó por su lado, cargando un grano de maíz que llevaba a su hormiguero.

—¿Por qué trabajas tanto? —preguntó Saltamontes—. Ven y conversa un rato conmigo.

—Estoy almacenando alimento para el invierno —dijo Hormiga—. Tú deberías hacer lo mismo.

—¿Para qué preocuparse por el invierno? —dijo Saltamontes—. Tenemos suficiente alimento por ahora.

Pero Hormiga siguió su camino y continuó trabajando.

Saltamontes siguió divirtiéndose y cuando llegó el invierno ya no le quedaba nada de alimento. Todos los días, veía a las hormigas compartiendo el maíz y los granos que habían recogido durante el verano. Entonces Saltamontes aprendió la lección: *¡Animal precavido vale por dos!*

15. La fábula trata principalmente de
- Ⓐ unas hormigas trabajadoras.
- Ⓑ un saltamontes hambriento.
- Ⓒ planear para el invierno.
- Ⓓ compartir con otros.

16. Otro buen título para la fábula es
- Ⓐ "Planifica para el futuro".
- Ⓑ "Tómate el tiempo para cantar".
- Ⓒ "El trabajo duro puede ser divertido".
- Ⓓ "Vecinos útiles".

RECORDAR HECHOS Y DETALLES

PARTE UNO: Piensa en la estrategia

¿Qué son hechos y detalles?

Todo lo que lees tiene hechos y detalles. Los programas que ves en la televisión y las películas que ves en el cine también tienen hechos y detalles. Los hechos y detalles dicen más sobre la idea principal.

1 Escribe la idea principal de un programa de televisión que hayas visto hace pocos días.

_____

_____

_____

2 Escribe tres cosas importantes que ocurrieron en el programa de televisión. Cada una debe decir algo más sobre la idea principal.

_____

_____

_____

_____

_____

Trabaja con un compañero

- Comenten sobre algún cuento que hayan leído o sobre su película favorita.

- Túrnense para hablar sobre el personaje principal y los hechos y detalles que describen a este personaje.

- Luego elijan una palabra que describa mejor a este personaje.

¿Cómo hallas hechos y detalles?

Puedes hallar los hechos y detalles de un texto si piensas en la idea principal. Una vez que conozcas la idea principal, puedes hallar los detalles que dicen más sobre ella.

Lee este relato sobre los pioneros. Piensa de qué trata principalmente el relato.

> Los pioneros tuvieron que construir sus propias casas. Tuvieron que cazar o cultivar su comida. Con frecuencia sufrían enfermedades mortales. <u>Los pioneros tuvieron vidas muy difíciles.</u>

1. Primero, halla la idea principal del relato. Se encuentra en la última oración. Está subrayada para tí.

2. Después, halla los detalles que dicen más sobre la idea principal.

   Observa la siguiente tabla. El cuadro superior indica la idea principal.

   Los cuadros de la parte inferior dicen más sobre la idea principal. Muestran los hechos y detalles que ayudan a explicar la idea principal.

3. Completa la parte que falta en el último cuadro.

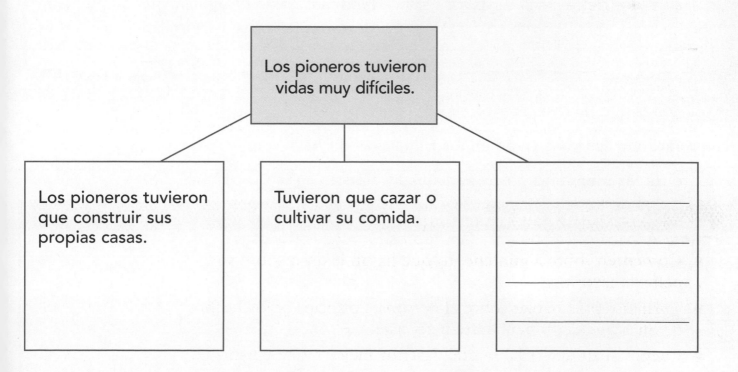

LO QUE DEBES SABER

Las oraciones que dicen más sobre la idea principal se llaman **hechos y detalles.** Los hechos y detalles ayudan a explicar la idea principal.

- Los hechos y detalles dicen más sobre la idea principal.
- Los hechos y detalles a menudo contestan el *quién*, *qué*, *dónde*, *cuándo* y *por qué* de la idea principal.

Lee este párrafo sobre los animales. La idea principal se encuentra subrayada en la primera oración. Mientras lees, piensa en las oraciones que dicen más sobre la idea principal.

llama

En las montañas viven muchos tipos diferentes de animales. Los leopardos de las nieves y los yaks viven en los Himalayas, en Asia. Las personas de las montañas pastorean llamas y alpacas en la Cordillera de los Andes de Sudamérica. Los pumas y los osos grises deambulan por las Montañas Rocosas de Norteamérica.

Las oraciones que dicen más sobre la idea principal son:

Los leopardos y los yaks viven en los Himalayas de Asia.

La gente de las montañas pastorea llamas y alpacas en la Cordillera de los Andes de Sudamérica.

Los pumas y osos grises deambulan por las Montañas Rocosas de Norteamérica.

Lee este cuento sobre Teresa. La idea principal aparece subrayada en la última oración. Mientras lees, piensa en los hechos y detalles que dicen más sobre la idea principal. Luego responde a las preguntas.

Teresa vive en California. Su mamá debe viajar fuera de la ciudad. Teresa visitará a su primo Tomás en Nueva York mientras su mamá está de viaje. Teresa nunca ha estado en Nueva York. Ella tampoco ha viajado en avión. Teresa está emocionada con su viaje a Nueva York.

1. ¿Quién vive en Nueva York?
   Ⓐ Teresa
   Ⓑ el abuelo de Teresa
   Ⓒ el primo de Teresa
   Ⓓ la mamá de Teresa

2. ¿Qué detalle te dice por qué Teresa va a Nueva York?
   Ⓐ Ella nunca ha viajado en avión.
   Ⓑ Su mamá viajará fuera de la ciudad.
   Ⓒ Ella nunca ha ido a Nueva York.
   Ⓓ Teresa vive en California.

Trabaja con un compañero

- Comenten sus respuestas a las preguntas.
- Digan por qué eligieron sus respuestas.
- Después comenten lo que han aprendido hasta ahora acerca de recordar hechos y detalles.

REPASO

Los hechos y detalles explican la idea principal.

- Busca oraciones que digan más sobre la idea principal.
- Busca oraciones que respondan el *quién*, *qué*, *dónde*, *cuándo* y *por qué* de la idea principal.

Lee esta parte del cuento que habla más sobre Teresa. Mientras lees, pregúntate: "¿Cuál es la idea principal? ¿Qué información dice *más* sobre la idea principal?". Luego responde a las preguntas.

Teresa está empacando sus maletas para el viaje. En cuatro horas se va a Nueva York. Hasta ahora, Teresa ha empacado sus animales de peluche, sus libros favoritos y sus juguetes nuevos. También empacó su colección de piedras y las muñecas. Su maleta está casi llena.

—Toda tu ropa está todavía sobre la cama —dijo la mamá de Teresa—. Ya no hay espacio en la maleta.

—¡No hay problema! —dijo Teresa—. Ya empaqué todas las cosas que realmente necesito.

3. ¿Cuándo se va Teresa a Nueva York?

- Ⓐ en cuatro días
- Ⓑ en una semana
- Ⓒ en la mañana
- Ⓓ en cuatro horas

4. ¿Qué detalle indica lo que Teresa está empacando para su viaje?

- Ⓐ Su maleta está casi llena.
- Ⓑ Teresa está empacando sus maletas para el viaje.
- Ⓒ Teresa también empacó su colección de piedras y las muñecas.
- Ⓓ —Toda tu ropa está todavía sobre la cama —dijo la mamá de Teresa.

¿Cuál es la respuesta correcta y por qué?

Observa las opciones de respuesta para cada pregunta.
Lee por qué cada opción es correcta o no lo es.

3. ¿Cuándo se va Teresa a Nueva York?

   Ⓐ **en cuatro días**

   Esta respuesta no es correcta porque la segunda oración dice que Teresa se irá en cuatro horas, no en cuatro días.

   Ⓑ **en una semana**

   Esta respuesta no es correcta porque la segunda oración dice que Teresa se irá en cuatro horas.

   Ⓒ **en la mañana**

   Esta respuesta no es correcta porque no hay nada en esta parte del cuento que te indique que alguna cosa ocurrirá en la mañana.

   ● **en cuatro horas más**

   Esta es la respuesta correcta porque la segunda oración dice: *"En cuatro horas se irá a Nueva York"*.

4. ¿Qué detalle te dice lo que Teresa está empacando para su viaje?

   Ⓐ **Su maleta está casi llena.**

   Esta respuesta no es correcta porque no dice lo que Teresa está empacando en su maleta.

   Ⓑ **Teresa está empacando sus maletas para el viaje.**

   Esta respuesta no es correcta porque dice que Teresa está empacando, pero no dice qué está empacando.

   ● **Teresa también empacó su colección de piedras y las muñecas.**

   Esta es la respuesta correcta porque indica dos cosas que Teresa ya empacó en su maleta para el viaje.

   Ⓓ **—Toda tu ropa está todavía sobre la cama —dijo la mamá de Teresa.**

   Esta respuesta no es correcta porque indica algo que no está en la maleta de Teresa.

ALGO MÁS

Los hechos y detalles ayudan a los escritores a relatar un cuento y hacen que el cuento sea más interesante. Cuando leas, busca oraciones que

- describan una persona, lugar o cosa.
- indiquen el orden en que ocurren las cosas.
- expliquen cómo hacer algo.

Lee este artículo sobre los metales. Luego responde a las preguntas.

Los metales

Existen muchas clases diferentes de metales. La mayoría son brillantes y relucientes. El hierro se usa para hacer acero. El acero es importante porque se usa para construir coches, edificios y puentes.

El oro y la plata también son metales. Se han usado para hacer joyas y monedas.

La mayoría de los metales cambian cuando se los calienta. Cuando se los calienta se pueden estirar o prensar. El alambre se hace estirando y jalando el metal. El papel de aluminio se hace prensando el metal hasta obtener una lámina delgada. El oro también se puede convertir en una hoja fina. ¡Pero no envuelvas tu sándwich en esa hoja! Las hojas de oro son costosas.

5. El acero es importante porque se usa para construir
- Ⓐ joyas.
- Ⓑ alambre.
- Ⓒ puentes.
- Ⓓ papel de oro.

6. ¿Qué oración dice más sobre la idea principal del último párrafo?
- Ⓐ El oro y la plata también son metales.
- Ⓑ Cuando se los calienta se pueden estirar y prensar.
- Ⓒ El hierro se usa para hacer acero.
- Ⓓ Hay muchas clases diferentes de metales.

7. La mayoría de los metales son
- Ⓐ brillantes y relucientes.
- Ⓑ ásperos y opacos.
- Ⓒ largos y delgados.
- Ⓓ duros y gruesos.

8. ¿Cómo se fabrica el papel de aluminio?
- Ⓐ estirando el metal
- Ⓑ prensando el metal
- Ⓒ puliendo el metal
- Ⓓ rompiendo el metal

Lee esta anotación de diario que escribió Mary.
Luego responde a las preguntas.

Sábado, 5 de mayo

Hoy, Hans y yo fuimos a la feria escolar. Había muchas atracciones y juegos. Había también mucha comida: perros calientes, palomitas de maíz y buñuelos. Hans y yo nos divertimos. Él gastó todo su dinero en comida. Yo gasté la mayor parte de mi dinero en juegos.

Mi juego preferido fue Zambullir a la maestra. La Srta. Ortiz, mi maestra preferida, estaba sentada en una cabina. Debajo de ella había un tanque de agua. Yo tenía tres oportunidades para darle al blanco. Cualquier pelota que le diera al blanco, lanzaría al agua a la Srta. Ortiz. No podía evitar sonreír mientras lanzaba cada pelota. Todas las que lancé le dieron al blanco. ¡Espero que el lunes la Srta. Ortiz todavía me aprecie!

FERIA HOY
CRAFTS   COOKIES
BOOKS   HOLIDAY
Saturday   10am - 2pm

9. ¿Qué detalle habla de Hans?
   Ⓐ Había muchas atracciones y juegos.
   Ⓑ ¡Espero que el lunes la Srta. Ortiz todavía me aprecie!
   Ⓒ Yo gasté la mayor parte de mi dinero en juegos.
   Ⓓ Él gastó todo su dinero en comida.

10. ¿Qué detalle indica la idea principal del párrafo dos?
   Ⓐ Todas las que lancé le dieron al blanco.
   Ⓑ Había también mucha comida: perros calientes, palomitas de maíz y buñuelos.
   Ⓒ Yo gasté la mayor parte de mi dinero en juegos.
   Ⓓ Hoy, Hans y yo fuimos a la feria.

11. La Srta. Ortiz es
   Ⓐ la maestra de Hans.
   Ⓑ la directora de la escuela.
   Ⓒ la maestra preferida de Mary.
   Ⓓ la vecina de Mary.

12. ¿Qué hecho corresponde a la anotación de diario?
   Ⓐ Mary gastó la mayor parte de su dinero en juegos.
   Ⓑ Mary falló tres veces su lanzamiento.
   Ⓒ Hans es el hermano de Mary.
   Ⓓ El juego preferido de Hans es Zambullir a la maestra.

CONSEJOS

- En una prueba sobre hechos y detalles pueden preguntarte sobre algo que sucedió en la selección.
- En una prueba sobre hechos y detalles pueden preguntarte *quién, qué, dónde, cuándo* y *por qué* de la idea principal.

Lee el cuento sobre Héctor. Luego responde a las preguntas sobre el cuento. Elige la mejor respuesta a las Preguntas 13 y 14.

—¡Voy a salir a jugar! —gritó Héctor a su padre el sábado en la mañana.

—¿Ahora? —preguntó su papá—. ¿No quieres esperar?

—¿Esperar qué? —preguntó Héctor mientras salía corriendo por la puerta. Héctor no escuchó cómo su padre se reía mientras la puerta se cerraba de golpe.

Cuando Héctor salió, miró alrededor. Primero, miró en el patio del vecino para ver si Alex estaba afuera. El patio estaba vacío. Luego miró calle arriba para ver si alguien estaba en el parque. Lo único que vio fue un pájaro picoteando la tierra en busca de gusanos.

—¿Qué ocurrió con todos? —se preguntaba Héctor.

Finalmente, Héctor miró su reloj. —Creo que las 7:30 de la mañana es un poquito temprano para salir a jugar —se dijo a sí mismo mientras regresaba a casa.

13. Héctor le dijo a su padre que iba
- Ⓐ a salir a jugar.
- Ⓑ al parque.
- Ⓒ a la casa de Alex.
- Ⓓ a regresar a la cama.

14. ¿Qué vio Héctor en el parque?
- Ⓐ un cachorro
- Ⓑ un amigo
- Ⓒ un pájaro
- Ⓓ un nido

Lee este artículo sobre el cuerpo humano. Luego responde a las preguntas sobre el cuento. Elige la mejor respuesta a las Preguntas 15 y 16.

Un tipo de máquina diferente

El cuerpo humano es como una máquina que nunca deja de trabajar. Tu corazón late todo el tiempo y bombea sangre a través de tu cuerpo con cada latido. Tu corazón está siempre trabajando, ¡incluso cuando duermes!

Tu cerebro también está siempre trabajando y enviando miles de mensajes a otras partes del cuerpo. Estos mensajes viajan a más de 100 millas por hora. Tu cerebro se comunica con los oídos para notar los sonidos. También se comunica con los ojos para notar lo que ves.

corazón humano

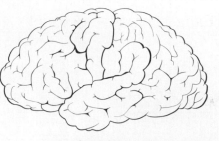

cerebro humano

15. ¿Qué detalle dice más sobre el corazón humano?

Ⓐ Tu cerebro siempre está trabajando.

Ⓑ Bombea sangre a través de tu cuerpo con cada latido.

Ⓒ Tu cerebro se comunica con los oídos para notar los sonidos.

Ⓓ El cuerpo humano es como una máquina que nunca deja de trabajar.

16. Los mensajes de tu cerebro viajan a

Ⓐ más de 1,000 millas por hora.

Ⓑ menos de 10 millas por hora.

Ⓒ más de 100 millas por hora.

Ⓓ menos de 1 milla por hora.

COMPRENDER LA SECUENCIA

PARTE UNO: Piensa en la estrategia

¿Qué es la secuencia?

La mayoría de las historias que lees o las películas que has visto relatan las cosas en orden. Las historias tienen un principio, un medio y un final. La secuencia es el orden en el que ocurren las cosas.

1 Escribe tres cosas que haces todos los días.

_____

_____

_____

2 Escribe estas cosas en el orden en que las haces generalmente. Enumera cada línea.

_____

_____

_____

Trabaja con un compañero

- Comenten sobre uno de sus cuentos favoritos.
- Túrnense para decir lo que sucede en el cuento. Comenten sobre el principio, el medio y el final.
- Intenten hablar de cada parte del cuento en una oración.

¿Cómo hallas la secuencia?

Puedes hallar el orden en que ocurren los sucesos en un cuento si piensas en el comienzo, el medio y el final. Puedes también buscar palabras que hablen de la secuencia. Algunas de estas palabras son: *primero*, *después* y *luego*.

Lee este fragmento sobre un simulacro de incendio. Presta atención al orden de los sucesos.

> Ayer, Marc tuvo un simulacro de incendio en la escuela. Primero la campana sonó y todos los estudiantes se levantaron rápidamente de sus asientos. Después, la maestra les dijo que hicieran una fila. Luego todos caminaron hacia afuera.

1. Pensemos en el orden en que ocurrieron las cosas en la historia.
2. Observa la siguiente tabla.

   Muestra el orden en que ocurrieron los hechos en la historia.
3. Escribe el hecho que falta en el tercer cuadro.

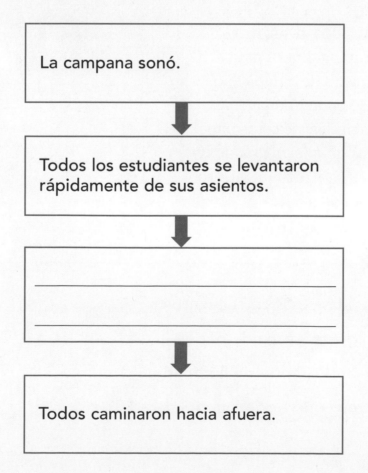

La campana sonó.

Todos los estudiantes se levantaron rápidamente de sus asientos.

_____

_____

Todos caminaron hacia afuera.

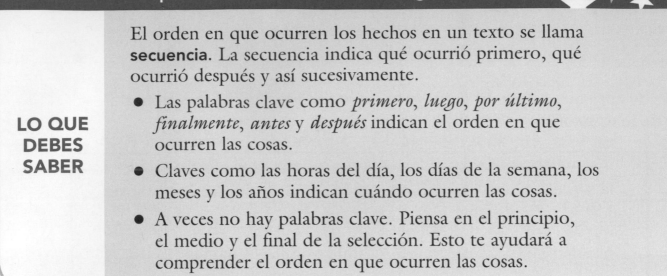

LO QUE DEBES SABER

El orden en que ocurren los hechos en un texto se llama **secuencia**. La secuencia indica qué ocurrió primero, qué ocurrió después y así sucesivamente.

- Las palabras clave como *primero, luego, por último, finalmente, antes* y *después* indican el orden en que ocurren las cosas.

- Claves como las horas del día, los días de la semana, los meses y los años indican cuándo ocurren las cosas.

- A veces no hay palabras clave. Piensa en el principio, el medio y el final de la selección. Esto te ayudará a comprender el orden en que ocurren las cosas.

Lee este cuento sobre Aimée. Mientras lees, piensa en el orden en que ocurren las cosas en el cuento.

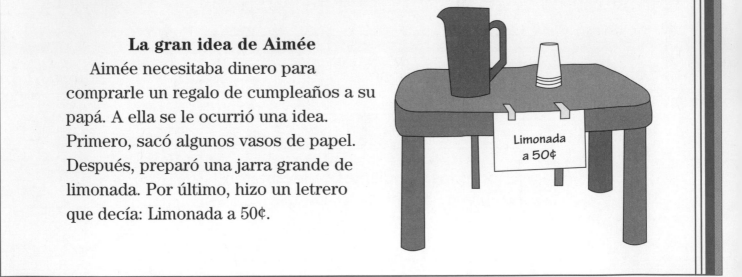

La gran idea de Aimée

Aimée necesitaba dinero para comprarle un regalo de cumpleaños a su papá. A ella se le ocurrió una idea. Primero, sacó algunos vasos de papel. Después, preparó una jarra grande de limonada. Por último, hizo un letrero que decía: Limonada a 50¢.

Limonada a 50¢

El orden en que ocurren las cosas en el cuento es:

Primero, Aimée sacó algunos vasos de papel.

Después, preparó una jarra grande de limonada.

Por último, hizo un letrero que decía: Limonada a 50¢.

Lee este artículo sobre cómo la serpiente cambia de piel. Mientras lees, piensa en lo que la serpiente hace en primer lugar, en segundo lugar y así sucesivamente. Luego responde a las preguntas.

Cómo cambia de piel la serpiente

Cuando una serpiente crece, su piel se vuelve demasiado estrecha para su cuerpo. Cuando esto ocurre, a la serpiente le crece una nueva piel debajo de la antigua. Cuando la piel nueva está lista, la serpiente cambia de piel.

La serpiente sigue varios pasos para cambiar de piel. Primero, se frota contra objetos ásperos para rasgar su piel. Luego se arrastra por la tierra, o a través de lugares estrechos para quitarse la piel. Finalmente, la capa exterior escamosa de la piel se desprende. ¡La piel antigua parece una serpiente vacía!

1. ¿Qué es lo primero que hace la serpiente para cambiar de piel?

- Ⓐ Se arrastra por la tierra.
- Ⓑ Se frota contra objetos ásperos.
- Ⓒ Se marcha a un lugar tranquilo.
- Ⓓ Se arrastra a través de lugares estrechos.

2. En el artículo, ¿qué palabra clave indica lo que la serpiente hace al final?

- Ⓐ primero
- Ⓑ último
- Ⓒ finalmente
- Ⓓ próximo

Trabaja con un compañero

- Comenten sus respuestas a las preguntas.
- Digan por qué eligieron sus respuestas.
- Después comenten lo que han aprendido hasta ahora acerca de comprender la secuencia.

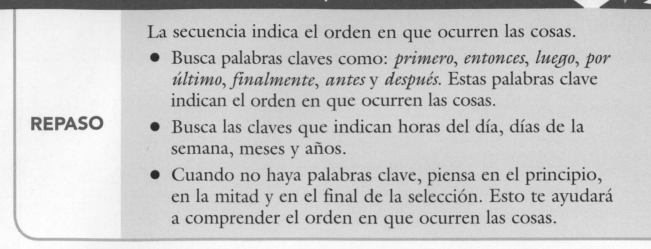

REPASO

La secuencia indica el orden en que ocurren las cosas.

- Busca palabras claves como: *primero, entonces, luego, por último, finalmente, antes* y *después*. Estas palabras clave indican el orden en que ocurren las cosas.

- Busca las claves que indican horas del día, días de la semana, meses y años.

- Cuando no haya palabras clave, piensa en el principio, en la mitad y en el final de la selección. Esto te ayudará a comprender el orden en que ocurren las cosas.

Lee este cuento sobre Kate y su hermano. Mientras lees, pregúntate: "¿Qué ocurre primero? ¿Qué ocurre después?". Luego responde a las preguntas.

Hoy es sábado. Kate está cuidando a su hermanito pequeño, Max. Max tiene dos años y es muy activo. Kate ha planeado un día muy ocupado para él.

Primero, llevará a Max a la biblioteca. Luego, lo ayudará a hallar algunos libros sobre los dinosaurios. ¡Max no mira libros a menos que tengan dinosaurios!

Después de ir a la biblioteca, Kate y Max caminarán hasta la heladería. Luego comerán sus conos de helado y mirarán los patos.

Finalmente, regresarán caminando a casa. Kate y Max se acomodarán en el sofá y Kate le leerá a su hermanito pequeño.

3. Después de ir a la biblioteca, Kate y Max
   Ⓐ regresarán caminando a casa.
   Ⓑ leerán un libro.
   Ⓒ mirarán los patos.
   Ⓓ caminarán hasta la heladería.

4. ¿Qué palabra clave indica lo que harán Kate y Max en segundo lugar?
   Ⓐ primero
   Ⓑ luego
   Ⓒ después
   Ⓓ finalmente

¿Cuál es la respuesta correcta y por qué?

**Observa las opciones de respuesta para cada pregunta.
Lee por qué cada opción es correcta o no lo es.**

3. Después de ir a la biblioteca, Kate y Max

    Ⓐ **regresarán caminando a casa.**

    Esta respuesta no es correcta porque esto es lo que Kate y Max harán después de conseguir sus conos de helado y de mirar los patos.

    Ⓑ **leerán un libro.**

    Esta respuesta no es correcta porque esto es lo Kate y Max harán después de regresar caminando a casa.

    Ⓒ **mirarán los patos.**

    Esta respuesta no es correcta porque el párrafo 3 dice: *"Después de ir a la biblioteca, Kate y Max caminarán hasta la heladería. Luego comerán sus conos de helado y mirarán los patos".*

    ● **caminarán hasta la heladería.**

    Esta es la respuesta correcta porque el párrafo 3 dice: *"Después de ir a la biblioteca, Kate y Max caminarán hasta la heladería".*

4. ¿Qué palabra clave indica lo que harán Kate y Max en segundo lugar?

    Ⓐ **primero**

    Esta respuesta no es correcta porque esta palabra clave indica lo que Kate y Max harán en primer lugar, ir a la biblioteca.

    ● **luego**

    Esta es la respuesta correcta porque esta palabra clave indica lo que Kate y Max harán en segundo lugar. El párrafo 2 dice: *"Primero, Kate llevará a Max a la biblioteca. Luego, Kate lo ayudará a hallar algunos libros sobre los dinosaurios".*

    Ⓒ **después**

    Esta respuesta no es correcta porque esta palabra clave indica lo que Kate y Max harán en tercer lugar, caminar hasta la heladería.

    Ⓓ **finalmente**

    Esta respuesta no es correcta porque esta palabra indica la quinta cosa que Kate y Max harán, regresar caminando a casa.

| ALGO MÁS | Muchas lecturas cuentan los detalles y los hechos en el orden en que ocurrieron. Busca la secuencia en estos textos: |

- cuentos, fábulas y cuentos folklóricos
- artículos
- instrucciones
- anotaciones de diario

Lee este artículo sobre un barco de vapor. Luego responde a las preguntas.

El barco de vapor *Virginia*

Hace mucho tiempo, los vapores subían y bajaban por los grandes ríos de Norteamérica. Uno de los vapores más bellos fue el *Virginia*. El *Virginia* viajaba a lo largo del río Ohio.

En el año 1909, durante un viaje río abajo, el tiempo se volvió lluvioso. Llovía, llovía y llovía. El río Ohio pronto comenzó a desbordarse. Los terrenos a ambos lados del río se llenaron de agua.

El torrente del río Ohio arrastró al vapor sobre su ribera. El *Virginia* flotaba sobre unos campos de maíz inundados de agua. El casco del vapor golpeó el suelo. ¡El vapor había encallado!

Luego salió el sol y el agua pronto bajó. Pero el encantador *Virginia* ya estaba lejos del río. El vapor había quedado en medio de un campo de maíz.

Finalmente, una cuadrilla de hombres desenterró el *Virginia* del campo de maíz y arrastró el vapor hacia el río. El *Virginia* pudo regresar a su verdadero hogar: el río Ohio.

5. ¿Qué ocurrió primero?
   - Ⓐ El vapor había encallado.
   - Ⓑ El clima se volvió lluvioso.
   - Ⓒ El *Virginia* flotaba sobre unos campos de maíz inundados.
   - Ⓓ El *Virginia* pudo regresar a su verdadero hogar.

6. Después de que comenzó a llover,
   - Ⓐ el río comenzó a desbordarse.
   - Ⓑ el agua bajó.
   - Ⓒ salió el sol.
   - Ⓓ el vapor iba más rápido.

7. ¿Qué hicieron los hombres después de desenterrar el vapor del campo de maíz?
   - Ⓐ Hicieron un viaje río abajo.
   - Ⓑ Arrastraron el vapor hacia el río.
   - Ⓒ Esperaron que llegara la lluvia.
   - Ⓓ Dejaron el vapor en el campo.

8. La palabra clave que te indica lo que ocurrió al final es
   - Ⓐ entonces.
   - Ⓑ luego.
   - Ⓒ después.
   - Ⓓ finalmente.

**Lee este cuento sobre unas vacaciones familiares.
Luego responde a las preguntas.**

Los Chan fueron a pasar unas cortas vacaciones en la costa. Planeaban ir a la playa a nadar, pasear en bote y pescar.

El día viernes, quisieron ir a pasear en bote, pero había mucho viento. El sábado, quisieron ir a pescar, pero llovía mucho. El domingo, quisieron ir a nadar, pero hacía demasiado frío. Los Chan se quedaron dentro de la casa durante los tres días. Antes de salir nuevamente de vacaciones, ¡se asegurarán de averiguar el estado del tiempo!

9. En el cuento, las claves que indican el orden de los hechos son
   Ⓐ los días de la semana.
   Ⓑ las horas del día.
   Ⓒ los años.
   Ⓓ los meses del año.

10. ¿Qué ocurrió el día viernes?
   Ⓐ Estaba lloviendo.
   Ⓑ Había viento.
   Ⓒ Estaba nublado.
   Ⓓ Hacía frío.

11. ¿Qué quisieron hacer los Chan el día domingo?
   Ⓐ quedarse en casa
   Ⓑ ir a pasear en bote
   Ⓒ ir a pescar
   Ⓓ ir a nadar

12. Antes de salir nuevamente de vacaciones, los Chan
   Ⓐ planearán irse por más de tres días.
   Ⓑ encontrarán un lugar diferente donde ir.
   Ⓒ averiguarán el estado del tiempo.
   Ⓓ encontrarán un lugar donde puedan quedarse dentro de la casa.

CONSEJOS

- En una prueba sobre la secuencia pueden preguntarte cuándo ocurrieron ciertos hechos en la selección.

- Una pregunta sobre la secuencia puede pedirte que ordenes algunas cosas que ocurrieron en el cuento.

- Una pregunta sobre la secuencia puede contener palabras como *primero*, *segundo*, *último*, *antes* o *después*.

Lee este informe de un nuevo libro de misterio. Luego responde a las preguntas sobre el informe. Elige la mejor respuesta a las Preguntas 13 y 14.

Los sonidos de la noche es el último libro de misterio para adolescentes de Mary Reed. El ambiente es una mansión aterradora cerca de la costa de Maine. Gayle y Vic Brown se quedan con su tío que vive en la mansión. El argumento trata de extraños sonidos que los niños comienzan a escuchar en la casa. Éstos parecen provenir del interior de las paredes y se escuchan solamente por la noche. Los niños le cuentan a tío Evan, pero a él esto no parece preocuparle.

Pronto algunas cosas comienzan a desaparecer y los sonidos se hacen más fuertes. Cuando los niños hablan con tío Evan, él comienza a actuar de manera extraña. Los niños deciden resolver el misterio por su propia cuenta. ¡Las cosas que averiguan te darán escalofríos!

Si te gustan los cuentos de misterio, lee *Los sonidos de la noche*. ¡Pero no lo leas si estás solo en una casa oscura durante una noche tempestuosa!

13. ¿Qué pasa primero en *Los sonidos de la noche*?

Ⓐ Los niños escuchan sonidos extraños.

Ⓑ Algunas cosas comienzan a desaparecer.

Ⓒ Los niños deciden resolver el misterio.

Ⓓ El tío Evan no parece estar preocupado.

14. Después de que las cosas comienzan a desaparecer, los niños

Ⓐ dejan de escuchar sonidos extraños.

Ⓑ ven que su tío actúa de manera extraña.

Ⓒ resuelven el misterio.

Ⓓ escapan de la mansión.

Lee este artículo sobre un famoso jugador de béisbol.
Luego responde a las preguntas sobre el artículo. Elige la mejor respuesta a las Preguntas 15 y 16.

Jackie Robinson nació en el año 1919. Desde niño, aprendió que no todas las personas recibían el mismo trato. Como Jackie era afroamericano, a él no se le permitía nadar en piscinas públicas, ni tampoco podía sentarse en cualquier lugar dentro de los cines. A pesar de eso, Jackie sabía que él era tan bueno como cualquier otra persona.

Jackie se unió al equipo de los Dodgers de Brooklyn en el año 1947. Él se convirtió en el primer afroamericano en jugar béisbol en las ligas mayores. La vida no fue fácil para Jackie. Los jugadores de su propio equipo le ponían apodos. Muchas veces, quiso dejar el equipo. Pero Jackie no se rindió, se quedó y ayudó a ganar a su equipo muchas veces.

Jackie dejó el béisbol en el año 1957. Jackie ingresó al Salón de la Fama en el año 1962. Murió en 1972. Jackie Robinson ayudó a demostrar que todas las personas debían ser tratadas de la misma manera.

15. ¿Qué ocurrió primero?

Ⓐ Jackie se convirtió en el primer afroamericano en jugar béisbol en las ligas mayores.

Ⓑ A Jackie no se le permitía nadar en piscinas públicas.

Ⓒ Los jugadores de su propio equipo le ponían apodos.

Ⓓ Jackie fue inscrito en el Salón de la Fama.

16. Los cuadros cuentan algunos hechos de la vida de Jackie Robinson.

Jackie dejó el béisbol.	→		→	Jackie murió.

¿Qué va en el recuadro vacío?

Ⓐ Jackie aprendió que no todas las personas recibían el mismo trato.

Ⓑ Jackie nació.

Ⓒ Jackie ingresó al Salón de la Fama.

Ⓓ Jackie se unió a los Dodgers.

Lee esta carta escrita por Gordon. Luego responde a las preguntas sobre la carta. Elige la mejor respuesta a las Preguntas 1 a 6.

12 de febrero, 2010

Querido tío Mario:

Quería agradecerte por venir a mi obra de teatro escolar, La vida en la granja. Puede que no lo sepas, pero esta era la primera vez que actuaba en una obra. ¡Caray, qué nervioso estaba! Cuando la obra comenzó, sentía que mis manos sudaban y mi corazón se aceleraba.

No sé si lo notaste, pero varias veces olvidé mi parte. No creo que hayan oído a mi maestro susurrándome las líneas al otro lado del escenario. ¿Te gustó la manera natural en que actué cuando tropecé con las vacas? Creo que todos pensaron que era parte de la obra.

La mejor parte fue al final de la obra, cuando hicimos la reverencia y todos aplaudieron.

Gracias de nuevo por venir a mi obra. ¡Te avisaré cuando actúe en otra!

Tu sobrino,
Gordon

Hallar
la idea principal

Recordar
hechos y detalles

Comprender
la secuencia

Hallar la idea principal

1. La idea principal del primer párrafo se encuentra

Ⓐ en la primera oración.

Ⓑ en la última oración.

Ⓒ en la mitad del párrafo.

Ⓓ al pensar en la idea más importante del párrafo.

Hallar la idea principal

2. ¿De qué trata principalmente la carta?

Ⓐ un sobrino agradecido

Ⓑ un tío favorito

Ⓒ una obra escolar

Ⓓ un error gracioso

Recordar hechos y detalles

3. ¿Qué detalle indica que Gordon estaba nervioso?

Ⓐ Sentía que mis manos sudaban.

Ⓑ Tropecé con las vacas.

Ⓒ Esta era la primera vez que actuaba en una obra.

Ⓓ Gracias por venir a mi obra.

Recordar hechos y detalles

4. ¿Quién ayudó a Gordon cuando olvidó su parte?

Ⓐ su tío

Ⓑ su maestro

Ⓒ su mamá

Ⓓ su amigo

Comprender la secuencia

5. ¿Qué ocurrió al final?

Ⓐ La cortina se levantó.

Ⓑ Todos aplaudieron.

Ⓒ El corazón de Gordon se aceleró.

Ⓓ Gordon tropezó.

Comprender la secuencia

6. Puedes saber el orden de los hechos descritos en la carta

Ⓐ al pensar en el principio, el medio y el final.

Ⓑ al buscar palabras clave.

Ⓒ al pensar en la idea principal.

Ⓓ al hallar los hechos y detalles.

Lee este cuento acerca de una niña llamada Molly. Luego responde a las preguntas sobre el cuento. Elige la mejor respuesta a las Preguntas 7 a 12.

Molly siempre había querido un cachorro. Su dormitorio está lleno de perros de peluche, imágenes de perros y libros sobre perros. Pero ella no tenía su propio perro. Su mamá le dijo que tenía que esperar hasta que cumpliera ocho años.

Finalmente llegó su cumpleaños número ocho. Al día siguiente, ella y su mamá fueron a un refugio para animales a elegir un cachorro. No fue fácil. Todos los cachorros eran muy bonitos. Molly se los quería llevar a todos. Después de un largo rato, eligió un cachorro blanco y negro que tenía los ojos azules. Se lo llevó a su casa y lo llamó Zack. Esa noche y todas las siguientes también, Zack durmió al lado de Molly cuando ella iba a la cama.

Molly sabía todo sobre el cuidado de un cachorro. Había estado leyendo libros por meses. Ella sabía que un cachorro necesitaba comida especial para su crecimiento y agua fresca todo el tiempo. Molly también sabía que no podía darle a Zack el mismo alimento que comen las personas.

Zack era un collie. Los collie necesitan mucho ejercicio. Son perros hechos para cuidar ovejas. Más que nada, a los collie les gusta correr. Molly caminaba con Zack frecuentemente. A veces, se cansaba primero que Zack.

Molly peinaba a Zack todos los días. A él le encantaba que Molly cepillara su espeso pelaje. A Molly también le gustaba tenerlo muy limpio. Ella usaba un champú especial.

La tarea más difícil de Molly fue domesticar a Zack. Todas las mañanas, después de desayunar, ella lo sacaba. También lo hacía después de ir a la escuela. Ella se aseguraba de que Zack cenara temprano en la noche para que a ella le diera tiempo de sacarlo nuevamente antes de ir a la cama.

A medida que Zack iba creciendo, Molly le enseñaba nuevas cosas. Cuando Zack hacía algo que no debía, ella le decía con voz fuerte: "¡No!". Y al hacerle caso ella lo acariciaba y le decía: "¡Buen perro!". Molly difícilmente podía recordar cómo era su vida antes de que Zack se uniera a la familia.

Hallar la idea principal

7. El cuento trata principalmente de
- Ⓐ un cachorro que encuentra un nuevo hogar.
- Ⓑ un regalo de cumpleaños.
- Ⓒ una niña que cuida un cachorro.
- Ⓓ un cachorro que necesita caminar mucho.

Hallar la idea principal

8. ¿Cuál es un buen título para el cuento?
- Ⓐ "Un nuevo miembro de la familia"
- Ⓑ "La nueva casa de Zack"
- Ⓒ "Cómo entrenar a un cachorro"
- Ⓓ "Molly aprende una lección"

Recordar hechos y detalles

9. Una de las cosas que no le debes dar a tu cachorro es
- Ⓐ mucho ejercicio.
- Ⓑ lo que comen las personas.
- Ⓒ agua fresca todo el tiempo.
- Ⓓ un paseo temprano por la mañana.

Recordar hechos y detalles

10. ¿Qué es lo que más les gusta hacer a los collie?
- Ⓐ tomar la siesta
- Ⓑ correr
- Ⓒ comer
- Ⓓ jugar

Comprender la secuencia

11. ¿Cuál hecho ocurrió primero?
- Ⓐ Molly fue a un refugio para animales.
- Ⓑ Molly quería llevarse todos los cachorros a su casa.
- Ⓒ Molly eligió un cachorro.
- Ⓓ Molly cumplió ocho años.

Comprender la secuencia

12. Estos cuadros muestran algunas cosas que pasaron en el cuento.

| Molly llevó un cachorro a su casa. | → | | → | Zack dormía en la cama de Molly. |

¿Qué va en el cuadro vacío?
- Ⓐ Molly leía libros sobre cachorros.
- Ⓑ Molly le dio a Zack un baño.
- Ⓒ Molly acariciaba a Zack y le decía: "¡Buen perro!"
- Ⓓ Molly le puso un nombre a su cachorro.

¿Qué es causa y efecto?

Existe una razón para todo lo que ocurre. Lo que ocurre se llama *efecto*. Y el porqué ocurre se llama *causa*.

1 Escribe lo que ocurre cuando sirves demasiada agua en un vaso.

_____

_____

_____

_____

2 Escribe por qué pasa esto.

_____

_____

_____

_____

Trabaja con un compañero

- Túrnense para dar otros ejemplos de causa y efecto.
  Puedes decir: "Me mojé con la lluvia porque se me olvidó el paraguas".

- En cada ejemplo, comenten cuál parte es la causa y cuál es el efecto.

¿Cómo hallas la causa y el efecto?

Muchas lecturas incluyen ejemplos de causa y efecto. Puedes hallar causas y efectos si piensas en lo que pasa en una lectura y por qué pasa.

Lee esta lectura sobre un tiburón blanco. Piensa en los hechos que ocurren y por qué ocurren.

> Un gran tiburón blanco se quedó atrapado en una pequeña bahía de Cape Cod. El tiburón estaba buscando comida y se perdió. Unos científicos lo ayudaron a volver al mar abierto.

1. Hallemos un ejemplo de causa y efecto en la lectura.

2. Observa los siguientes dos cuadros.

   El primer cuadro dice lo que ocurrió. Este es el *efecto*.

   El segundo cuadro dice porqué ocurrió. Esta es la *causa*.

¿Qué ocurrió? (efecto)	¿Por qué ocurrió? (causa)
Un gran tiburón blanco quedó atrapado en una pequeña bahía.	Estaba buscando comida y se perdió.

3. Hallemos otro ejemplo de causa y efecto en la lectura.

   Observa los siguientes dos cuadros.

   El primer cuadro dice la causa por la que ocurrió un hecho.

4. Escribe el efecto en el segundo cuadro. Di lo que ocurrió porque los ciéntificos ayudaron al tiburón.

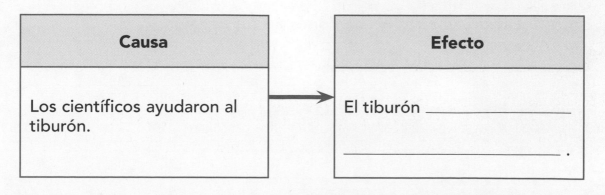

Causa	Efecto
Los científicos ayudaron al tiburón.	El tiburón _____ _____ .

LO QUE DEBES SABER

Lo que ocurre y por qué ocurre se llama **causa y efecto**.
Por qué ocurre algo es la **causa**.
Qué ocurre como resultado es el **efecto**.

- Una causa es la razón de que algo ocurra.
- Un efecto es lo que ocurre como resultado.
- Las palabras clave como: *entonces, de esta manera, como, porque* y *si* a menudo indican causa y efecto. Otras palabras clave son *razón* y *como resultado*.

Lee este cuento sobre Daniel. Mientras lees, piensa en una cosa que le ocurre a Daniel y por qué.

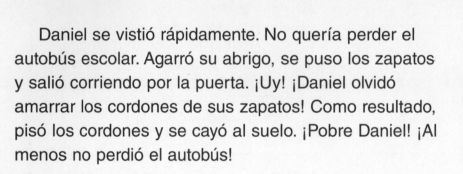

Daniel se vistió rápidamente. No quería perder el autobús escolar. Agarró su abrigo, se puso los zapatos y salió corriendo por la puerta. ¡Uy! ¡Daniel olvidó amarrar los cordones de sus zapatos! Como resultado, pisó los cordones y se cayó al suelo. ¡Pobre Daniel! ¡Al menos no perdió el autobús!

Algo que le ocurrió a Daniel y por qué le ocurrió:

Qué ocurrió: **Pisó los cordones de sus zapatos y cayó al suelo.**

Por qué ocurrió: **Olvidó amarrar los cordones de sus zapatos.**

Lee esta anotación de diario que escribió un niño que vive en una granja. Mientras lees, busca las palabras clave para comprender qué ocurre y por qué ocurre. Luego responde a las preguntas.

---

28 de enero

Desperté esta mañana y ya habían caído dos pies de nieve. Después de desayunar, Papá y yo salimos a dar de comer a los animales hambrientos. Como había tanta nieve, tuvimos problemas para llegar al granero. Los animales debían estar sedientos. El agua para beber que tenían se congeló porque hacía mucho frío. ¡Todos estaremos felices cuando llegue la primavera!

---

1. El agua para beber de los animales se congeló porque
   A hacía mucho frío.
   B había mucha nieve.
   C los animales estaban sedientos.
   D los animales estaban hambrientos.

2. ¿Qué palabra o palabras clave indican por qué el niño y su papá tuvieron problemas para llegar al granero?
   A ya que
   B como resultado
   C tan
   D como

Trabaja con un compañero

- Comenten sus respuestas a las preguntas.
- Digan por qué eligieron sus respuestas.
- Después comenten lo que han aprendido hasta ahora acerca de reconocer causa y efecto.

REPASO

Lo que ocurre y por qué ocurre se llama causa y efecto.

- Para hallar una causa, busca una razón por la que ocurrió algo. Pregúntate: "*¿Por qué* ocurrió?".

- Para hallar un efecto, busca el resultado de que algo haya ocurrido. Pregúntate: "*¿Qué* ocurrió?".

- Busca palabras clave que indiquen causa y efecto, como: *entonces*, *de esta manera*, *como*, *porque*, *si*, *razón* y *como resultado*.

Lee este artículo sobre los anillos anuales de los árboles. Mientras lees, pregúntate: "*¿Qué* cosas le ocurren a los árboles? *¿Por qué* ocurren estas cosas?". Luego responde a las preguntas.

Anillos anuales

¿Has visto alguna vez un árbol que haya sido derribado? Si es así, probablemente viste los círculos que hay dentro del tronco de un árbol. Estos círculos se llaman anillos anuales. Puedes saber la edad de un árbol contando sus anillos.

Los árboles tienen anillos porque cada año les crece una capa nueva de madera. Esta nueva capa crece debajo de la corteza. En un año con mucha lluvia y luz solar, el árbol crece más rápido. El anillo anual de ese año será más grueso. Si hay poca lluvia o luz solar, el árbol crece más lento. El anillo anual de ese año será más delgado.

3. ¿Por qué tienen anillos los árboles?
   - Ⓐ porque crecen rápido
   - Ⓑ porque a menudo son derribados
   - Ⓒ porque absorben mucha lluvia y luz solar
   - Ⓓ porque les crece una capa nueva de madera cada año

4. Si hay muy poca lluvia o luz solar, el árbol
   - Ⓐ crece más rápido.
   - Ⓑ crece más lento.
   - Ⓒ no tiene anillo anual.
   - Ⓓ desarrolla un anillo anual grueso.

¿Cuál es la respuesta correcta y por qué?

**Observa las opciones de respuesta para cada pregunta.
Lee por qué cada opción es correcta o no lo es.**

3. ¿Por qué tienen anillos los árboles?

Ⓐ porque crecen rápido

Esta respuesta no es correcta porque los árboles crecen rápido sólo si hay mucha lluvia y luz solar. Esta respuesta no indica la causa de los anillos.

Ⓑ porque a menudo son derribados

Esta respuesta no es correcta porque no indica la causa de los anillos. Derribar los árboles no causa los anillos.

Ⓒ porque absorben mucha lluvia y luz solar

Esta respuesta no es correcta porque los árboles tienen anillos sin importar cuánta lluvia o luz solar haya. La cantidad de lluvia y sol hace que el anillo sea más grueso o más delgado, pero no los causa.

● porque les crece una capa nueva de madera cada año

Esta es la respuesta correcta porque indica la causa de los anillos. El segundo párrafo dice: *"Los árboles tienen anillos porque cada año les crece una capa nueva de madera"*. La palabra clave *porque* te ayuda a reconocer la causa y el efecto.

4. Si hay muy poca lluvia o luz solar, el árbol

Ⓐ crece más rápido.

Esta respuesta no es correcta porque un árbol crece más rápido cuando hay mucha lluvia y luz solar.

● crece más lento.

Esta es la respuesta correcta porque las dos últimas oraciones explican que cuando hay poca lluvia o sol, el árbol crece más lento.

Ⓒ no tiene anillo anual.

Esta respuesta no es correcta porque los anillos anuales crecen cada año, sin importar el clima. El anillo puede ser grueso o delgado, según el clima de ese año.

Ⓓ desarrolla un anillo anual grueso.

Esta respuesta no es correcta porque un árbol desarrolla un anillo anual grueso en un año con mucha lluvia y luz solar.

ALGO MÁS

A veces no existen palabras clave que indiquen la causa y el efecto en una selección. Cuando no haya palabras clave, haz lo siguiente:

- Para hallar el efecto, piensa en *qué* ocurrió.
- Para hallar la causa, piensa en *cómo* y *por qué* ocurrió.
- Piensa en lo que ya sabes sobre cómo una cosa puede hacer que ocurra otra cosa.

Lee esta fábula de Esopo. Luego responde a las preguntas.

El niño que gritó: "Viene un lobo"

Había una vez un niño que vivía en una pequeña aldea. Todos los días, llevaba sus ovejas a comer pasto a una pradera alta. Un día, el niño estaba aburrido y decidió hacer una travesura.

—¡Un lobo! ¡Un lobo! —gritaba él—. ¡Aquí hay un lobo!

Las personas del pueblo corrieron de prisa hacia la pradera para salvar al niño y sus ovejas. Pero lo encontraron a salvo y burlándose de ellos.

—Sólo estaba bromeando —dijo el niño riendo—.

—Eres muy travieso —le dijeron las personas, poniendo mala cara.

Al día siguiente, el niño hizo la misma travesura. Y una vez más, la gente corrió de prisa hacia la pradera solamente para hallar al niño riéndose.

Pasaron unos días. El niño estaba en la pradera cuando vio un lobo de verdad.

—¡Un lobo! ¡Un lobo! —gritó el niño—. ¡Un lobo se está llevando a las ovejas!

Las personas de la aldea escucharon los gritos del niño. Pero esta vez no corrieron a ayudar. Ellos no se dejarían engañar nuevamente.

5. El niño llevaba las ovejas a la pradera para que
   Ⓐ comieran pasto.
   Ⓑ corrieran en el prado.
   Ⓒ durmieran en el pasto.
   Ⓓ jugaran en el prado.

6. ¿Por qué el niño gritó "Un lobo" la primera vez?
   Ⓐ Vio un lobo.
   Ⓑ Estaba haciendo su trabajo.
   Ⓒ Necesitaba ayuda.
   Ⓓ Estaba aburrido.

7. Las personas no llegaron la última vez que el niño gritó "Un lobo" porque
   Ⓐ estaban ocupados trabajando.
   Ⓑ pensaron que era otra travesura del niño.
   Ⓒ no escucharon al niño.
   Ⓓ le temían al lobo.

8. ¿Por qué decían las personas que el niño era travieso?
   Ⓐ No les gustaba reírse.
   Ⓑ No les gustaba las bromas divertidas.
   Ⓒ No les gustaba su travesura.
   Ⓓ No les gustaba el niño.

Lee este artículo sobre tipos de mecanismos sencillos. Luego responde a las preguntas.

La rueda y el eje

Los mecanismos sencillos son útiles porque permiten hacer cosas que no se podrían hacer sin su ayuda. La rueda y el eje son dos mecanismos sencillos.

Sólo cuatro ruedas ayudan a mover un coche hacia delante y hacia atrás. El volante dentro del coche hace girar las dos ruedas delanteras. Cuando un conductor gira el volante hacia la derecha, las ruedas del coche giran hacia la derecha. Cuando el conductor gira el volante hacia la izquierda, las ruedas giran a la izquierda.

Muchas ruedas, como las de un coche, tienen una barra que está unida al centro de la rueda. Esta barra se llama eje. El eje permite que las ruedas se muevan sin dificultad. Las patinetas, los patines en línea y las bicicletas también tienen ejes. Mira a tu alrededor. Piensa en los mecanismos sencillos que te permiten hacer cosas que no podrías hacer por tí mismo.

9. ¿Qué hace que giren las ruedas delanteras de un coche?
   - Ⓐ el motor
   - Ⓑ el volante
   - Ⓒ el eje
   - Ⓓ una barra

10. Los mecanismos sencillos son útiles porque
    - Ⓐ hacen que la gente haga cosas que generalmente no haría.
    - Ⓑ mueven las ruedas delanteras de un coche.
    - Ⓒ permiten hacer cosas que no podrían hacer sin su ayuda.
    - Ⓓ son fáciles de hacer.

11. ¿Qué ocurre cuando un conductor gira el volante hacia la izquierda?
    - Ⓐ Las ruedas giran.
    - Ⓑ Las ruedas delanteras giran hacia la derecha.
    - Ⓒ El coche se mueve hacia atrás.
    - Ⓓ Las ruedas delanteras giran hacia la izquierda.

12. La parte de un coche que hace que las ruedas giren se llama
    - Ⓐ eje.
    - Ⓑ rueda delantera.
    - Ⓒ volante.
    - Ⓓ conductor.

CONSEJOS

- En una prueba de causa y efecto pueden preguntarte *qué* ocurrió en una lectura (el efecto).
- En una prueba de causa y efecto pueden preguntarte *por qué* ocurrió algo (la causa).
- Una prueba de causa y efecto a menudo contiene palabras como: *porque*, *por qué*, *razón* o *qué ocurrió*.

Lee esta carta escrita por Juan. Luego responde a las preguntas sobre la carta. Elige la mejor respuesta a las Preguntas 13 y 14.

> 29 de septiembre, 2009
>
> Querida Srta. Hawk,
>
> He tomado una decisión importante. Decidí dejar el tercer grado y regresar a su clase.
>
> No es que no me guste el tercer grado. Los niños son amables y mi nuevo maestro, el señor Lowell, es muy simpático. Él nos deja hacer experimentos en clase y nos cuenta historias divertidas. Él también nos deja tener una serpiente como mascota de la clase.
>
> El problema es que el tercer grado no es tan divertido como el segundo grado. El trabajo es más difícil y tenemos que hacer tareas todas las tardes. Tenemos prueba de matemáticas todos los viernes y debemos escribir un informe mensual de un libro. Además, extraño a mis dos mejores amigos del año pasado. Nosotros estábamos todos juntos en su clase. Ahora estamos en diferentes salones. Extraño el segundo grado. Entonces, la veré el lunes en la mañana cuando regrese a clase.
>
> Su estudiante del año pasado,
> Juan

13. Una razón por la que Juan quiere dejar tercer grado es que

- Ⓐ extraña a la Srta. Hawk.
- Ⓑ el trabajo es más difícil.
- Ⓒ los niños no son amables.
- Ⓓ no le gusta hacer experimentos.

14. ¿Qué ocurrió con los dos mejores amigos de Juan?

- Ⓐ Se fueron al salón de clase del Señor Lowell.
- Ⓑ Se fueron a otras escuelas.
- Ⓒ Están en otro salón de clase.
- Ⓓ Se mudaron a otra ciudad.

Lee este artículo sobre un viaje a una tierra cubierta de nieve y hielo.
Luego responde a las preguntas sobre el artículo. Elige la mejor
respuesta a las Preguntas 15 y 16.

Los inviernos son muy largos en el Ártico. Las personas que viven allí no pueden cultivar la tierra congelada. Deben cazar animales y pescar para comer. Los cazadores y pescadores árticos deben viajar a través de la nieve y el hielo.

Hace mucho tiempo, los habitantes del Ártico aprendieron a construir trineos. Fabricaban trineos con patines. Los patines son unas cuchillas que hay en la base del trineo. Los patines se mueven fácilmente sobre la nieve dura que se acumula. A menudo se hacían de madera, pero en el Ártico crecen muy pocos árboles. Se les añadían listones de hueso y cuernos de animal para reforzarlos. Las personas del Ártico entrenaron perros para tirar de los trineos.

Actualmente, los habitantes del Ártico todavía cazan y pescan. Pero las motonieves son más populares. Éstas pueden ir más rápido que los trineos tirados por animales. ¡Las motonieves no se cansan ni necesitan descansar!

15. Se añadieron huesos y cuernos a los patines porque
- Ⓐ facilitaban a los perros el tirar de los trineos.
- Ⓑ permitían que los patines se movieran a través de la nieve.
- Ⓒ hacían que el trineo avanzara más rápido.
- Ⓓ los reforzaban.

16. ¿Por qué son más populares las motonieves que los trineos?
- Ⓐ Hay muy pocos árboles para construir trineos.
- Ⓑ Las motonieves viajan más rápido que los trineos.
- Ⓒ No hay animales para tirar de los trineos.
- Ⓓ Las motonieves pueden transportar más personas.

¿Qué es comparar y contrastar?

Pensar en qué se parecen dos o más cosas se llama *comparar*.
Pensar en qué se diferencian dos o más cosas se llama *contrastar*.

1 Escribe tres cosas que a ti y a un amigo o familiar les guste hacer.

_____

_____

_____

_____

2 Escribe tres cosas que te guste hacer, pero a un amigo o familiar no le guste.

_____

_____

_____

_____

Trabaja con un compañero

- Túrnense para comentar algo que ustedes dos tengan en común.
- Luego comenten algo en lo que sean diferentes.
- Miren cuántas semejanzas y diferencias encuentran.

¿Cómo hallas semejanzas y diferencias?

Muchas lecturas comparan y contrastan dos o más cosas. Puedes hallar ejemplos de comparar y contrastar si piensas en los detalles de lo que lees.

Lee este fragmento sobre Alma y Hannah. Piensa en qué se parecen y en qué se diferencian las dos niñas.

> Alma toma el autobús para ir a la escuela. Hannah siempre camina a la escuela. Las dos niñas están en la misma clase. Les gusta almorzar juntas. A Alma le gusta jugar básquetbol en el recreo. A Hannah le gusta hablar con sus compañeros.

1. Pensemos en los detalles que describen las semejanzas entre Alma y Hannah. Ahora piensa en los detalles que describen sus diferencias.

2. Observa el siguiente diagrama.

   La parte sombreada del primer círculo indica en qué se diferencian Alma y Hannah. La parte sombreada del segundo círculo indica en qué se diferencian Hannah y Alma. Estos son ejemplos de *contrastar*.

   La información que está en el medio describe las semejanzas que hay entre las dos. Éstos son ejemplos de *comparar*.

3. Escribe otro ejemplo de contrastar en la parte sombreada del segundo círculo. Di una diferencia entre Hannah y Alma.

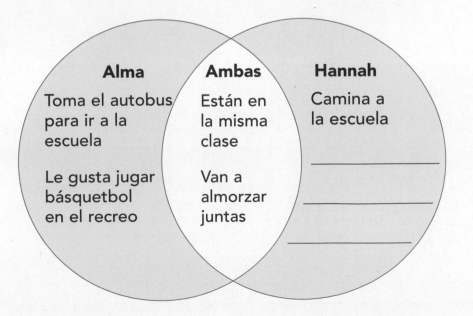

Alma
Toma el autobus para ir a la escuela

Le gusta jugar básquetbol en el recreo

Ambas
Están en la misma clase

Van a almorzar juntas

Hannah
Camina a la escuela

_____

_____

_____

Hallar en qué se parecen y se diferencian dos o más cosas se llama **comparar y contrastar.** Comparar es hallar en qué se parecen las cosas. Contrastar es hallar en qué se diferencian las cosas.

LO QUE DEBES SABER

- Las palabras clave que indican en qué se parecen las cosas son: *igual*, *como* y *parecido*.

- Las palabras clave que indican en qué son diferentes las cosas son: *pero*, *a diferencia*, *diferente* y *sin embargo*.

- Todas las personas, lugares, objetos y hechos pueden compararse y contrastarse.

Lee esta anotación de diario que escribió Jake. Mientras lees, piensa en qué se parecen y en qué se diferencian Jake y su amigo Alex.

15 de octubre

A veces me pregunto por qué Alex y yo somos amigos. Alex tiene una gran personalidad (¡como yo!) y es divertido (¡como yo!), pero a veces la verdad es que no lo entiendo.

Hoy, por ejemplo, Alex apareció en la escuela vistiendo la ropa más horrible que he visto. Él no se preocupa en lo absoluto por su aspecto. ¿Yo? A mí me gusta verme bien. A Alex no le interesa. Él se pondría cualquier cosa.

Luego están los hábitos alimenticios de Alex. ¡Es capaz de comerse cualquier cosa! Sirve algo en un plato, ponlo frente a Alex y seguro que se lo comerá. ¿Yo? Yo me fijo en lo que como. Trato de comer alimentos saludables. Lo que más me gusta es la pizza de brócoli. Pero no me hablen de la de pepperoni. Mejor aún, dénsela a Alex. ¡A él le encanta!

Jake y Alex se parecen en que:

Ambos tienen una gran personalidad.
Ambos son divertidos.

Jake y Alex se diferencian en que:

Jake se preocupa por la ropa que viste, pero Alex no.
Jake se preocupa por lo que come, pero Alex se comerá cualquier cosa.

Lee esta artículo sobre Rusia. Mientras lees, busca las palabras clave que indiquen en qué se parece y en qué se diferencia Rusia de otros países. Luego responde a las preguntas.

Rusia y Canadá, ambos, son países grandes, pero Rusia es el país más grande del mundo. Canadá es el segundo país más grande del mundo. Rusia es casi dos veces más grande que Canadá.

Rusia es diferente de la mayoría de los países. Es uno de los pocos países que está en dos continentes. Una parte de Rusia está en Europa y la otra parte está en Asia. Cuando las personas de un extremo de Rusia están despertando, las del otro extremo está yéndose a dormir.

Como es tan grande, Rusia tiene muchos climas diferentes. Sin embargo, en la mayor parte de Rusia el invierno es la estación más larga. En la parte norte del país, el clima frío puede durar hasta ocho meses. Los inviernos de allá son oscuros y fríos. Hay muchas tormentas de nieve. A veces las personas no pueden salir de sus casas durante muchos días. Muy pocas personas viven en esta parte de Rusia.

1. ¿En qué se parecen Rusia y Canadá?
   Ⓐ Ambos tienen clima cálido.
   Ⓑ Ambos son países grandes.
   Ⓒ Ambos están en Asia.
   Ⓓ Ambos están en dos continentes.

2. ¿Qué palabra clave indica en qué es distinta Rusia de los demás países?
   Ⓐ pero
   Ⓑ mismo
   Ⓒ diferente
   Ⓓ sin embargo

Trabaja con un compañero

- Comenten sus respuestas a las preguntas.
- Digan por qué eligieron sus respuestas.
- Después comenten lo que han aprendido hasta ahora acerca de comparar y contrastar.

 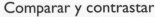

REPASO

Comparar es hallar en qué se parecen las cosas. Contrastar es hallar en qué se diferencian las cosas.

- Para comparar, busca palabras clave que indican semejanza como: *ambos*, *igual*, *como* y *semejante*.
- Para contrastar, busca palabras clave que indican diferencia, como *pero*, *distinto*, *diferente* y *sin embargo*.
- Busca las personas, lugares, objetos y hechos que se comparan y se contrastan.

Lee este artículo que escribió Todd para el periódico escolar. Busca en qué se parecen y diferencian las cosas. Luego responde a las preguntas.

Patinaje en Hilltown

La mayoría de las personas se emocionaron cuando abrieron la nueva pista de patinaje sobre hielo. Antes de que construyeran la pista, la mayoría patinaba en el estanque. Pero sólo podían patinar durante el invierno, cuando el agua se congelaba.

La gente de Hilltown ahora puede patinar todo el año. La pista de Hilltown está abierta desde las ocho de la mañana hasta las ocho de la noche. Todos dicen que les gusta más patinar en la nueva pista que en el estanque.

Creo que yo no soy como la mayoría de las personas. A mí me gusta patinar en el estanque. Ya sé, el hielo es irregular, distinto de la suave superficie de la pista. Y hace mucho frío allá. Pero me encanta la sensación de patinar al aire libre. En el estanque podemos jugar hockey a cualquier hora. Sin embargo, en la pista sólo los equipos pueden jugar hockey.

Lo mejor del estanque es el precio. Patinar en el estanque es gratis. En la pista, ¡patinar cuesta diez dólares!

3. ¿En qué se parecen el estanque y la pista de patinaje?

Ⓐ Ambas superficies son irregulares.

Ⓑ Ambos lugares cobran por patinar.

Ⓒ Ambos lugares están abiertos hasta las ocho de la noche.

Ⓓ Ambos lugares se usan para patinar.

4. ¿Qué palabra clave indica la diferencia entre jugar hockey en el estanque y en la pista?

Ⓐ como

Ⓑ distinto

Ⓒ sin embargo

Ⓓ diferente

¿Cuál es la respuesta correcta y por qué?

**Observa las opciones de respuesta para cada pregunta.
Lee por qué cada opción es correcta o no lo es.**

3. ¿En qué se parecen el estanque y la pista?

Ⓐ **Ambas superficies son irregulares.**

Esta respuesta no es correcta porque el párrafo 3 dice que el hielo del estanque es irregular, no suave como la superficie de la pista.

Ⓑ **Ambos lugares cobran por patinar.**

Esta respuesta no es correcta porque el último párrafo dice que patinar en el estanque es gratis.

Ⓒ **Ambos lugares están abiertos hasta las ocho de la noche.**

Esta respuesta no es correcta porque nada en el artículo indica hasta qué hora está abierto el estanque para patinar.

● **Ambos lugares se usan para patinar.**

Esta es la respuesta correcta porque las personas pueden patinar en ambos lugares.

4. ¿Qué palabra clave indica la diferencia entre jugar hockey en el estanque y en la pista?

Ⓐ **como**

Esta respuesta no es correcta porque la palabra *como* indica que las cosas son parecidas, no diferentes.

Ⓑ **distinto**

Esta respuesta no es correcta porque la palabra *distinto* se usa en el párrafo 3 para indicar la diferencia entre la superficie del estanque y la de la pista: *"Ya sé, el hielo es irregular, distinto de la suave superficie de la pista"*.

● **sin embargo**

Esta es la respuesta correcta porque el párrafo 3 dice: *"En el estanque podemos jugar hockey a cualquier hora. Sin embargo, en la pista sólo los equipos pueden jugar hockey"*.

Ⓓ **diferente**

Esta respuesta no es correcta porque esta palabra no se usa en el artículo.

LO QUE DEBES SABER

A veces no existen palabras clave en una lectura que indiquen en qué se parecen y diferencian las cosas. Cuando no hay palabras clave, haz lo siguiente:

- Piensa en las personas, lugares, objetos o hechos de la lectura. Pregúntate: "¿En qué se parecen?".

- Piensa en las personas, lugares, objetos o hechos de la lectura. Pregúntate: "¿En qué se diferencian?".

Lee este artículo sobre dos planetas. Luego responde a las preguntas.

Júpiter y la Tierra

Varios planetas giran alrededor de nuestro Sol. La Tierra es uno de estos planetas. La Tierra es el tercer planeta más cercano al Sol. Júpiter es el quinto planeta más cercano al Sol.

Júpiter es como un gigante comparado con la Tierra. Tiene 1,000 veces el tamaño de la Tierra. La Tierra gira sobre su eje una vez cada veinticuatro horas. Júpiter hace lo mismo en menos de diez horas. Júpiter se demora 12 años en girar una vez alrededor del Sol. La Tierra se demora 365 días en hacer esto.

Júpiter está cubierto por un océano. Los científicos creen que el océano podría tener ¡10,000 millas de profundidad! Pero olvídate de nadar en él. Podrías congelarte dentro de tu traje de baño. La temperatura de Júpiter es mucho más baja que la de la Tierra. En Júpiter, ¡la temperatura puede ser más de 250 °F bajo cero!

5. ¿En qué se diferencia Júpiter de la Tierra?
   - Ⓐ Júpiter es más grande que la Tierra.
   - Ⓑ Júpiter está más cerca del Sol.
   - Ⓒ Júpiter no gira alrededor del Sol.
   - Ⓓ Júpiter es más cálido que la Tierra.

6. ¿En qué se parecen Júpiter y la Tierra?
   - Ⓐ Ambos son pequeños.
   - Ⓑ Ambos demoran 10 horas en girar alrededor de su eje.
   - Ⓒ Ambos viajan alrededor del Sol.
   - Ⓓ Ambos tienen el mismo tamaño.

7. En el artículo, Júpiter se compara con
   - Ⓐ el Sol.
   - Ⓑ una estrella.
   - Ⓒ un planeta.
   - Ⓓ un gigante.

8. La temperatura de Júpiter es
   - Ⓐ más cálida que la de la Tierra.
   - Ⓑ mucho más fría que la de la Tierra.
   - Ⓒ igual que la de la Tierra.
   - Ⓓ más alta que la de la Tierra.

Lee este cuento sobre dos hermanas. Luego responde a las preguntas.

—Nunca seré tan buena jugadora como tú —dijo Sam y golpeó el suelo con la pelota de básquetbol—. ¡Nunca!

Jen, la hermana de Sam, recogió la pelota.

—Eso no es verdad. Si practicas, estoy segura de que mejorarás. Tú ya sabes cómo driblar, hacer pases y lanzar. Eso es más de lo que yo sabía a tu edad.

—¿De verdad? —dijo Sam. Ella no estaba muy convencida.

Jen asintió con la cabeza: —Sí, *de verdad*. Cuando tenía ocho años, todo lo que sabía hacer era lanzar. Incluso ni siquiera eso me salía bien. Ahora tengo catorce y he jugado básquetbol seis años más que tú. He estado en cuatro equipos diferentes y he practicado tres días a la semana durante todo este tiempo. Una vez que te unas al equipo la próxima semana, mejorarás de inmediato. Eso sólo ocurre con el tiempo.

Después de decir eso, Jen agarró la pelota y se la lanzó a su hermana.

Sam abrió los brazos para agarrarla.

—Tienes razón, creo que mejor sigo practicando —dijo con una sonrisa.

9. Sam y Jen se parecen en que ambas
   (A) se unirán a un equipo de básquetbol la próxima semana.
   (B) les gusta jugar básquetbol.
   (C) han jugado básquetbol durante seis años.
   (D) quieren ser las mejores jugadoras de básquetbol.

10. Algo que Jen podía hacer cuando tenía ocho años y que Sam ya sabe hacer es
   (A) practicar.
   (B) driblar.
   (C) hacer pases.
   (D) lanzar.

11. ¿Qué diferencia hay entre Sam y Jen?
   (A) Sam no juega básquetbol tan bien como Jen.
   (B) Sam ha practicado básquetbol más tiempo que Jen.
   (C) A Sam le gusta el básquetbol más que a Jen.
   (D) Sam practica más que Jen.

12. ¿Cuál declaración es verdadera?
   (A) Jen practica muchos deportes y Sam no.
   (B) Jen ha jugado en menos equipos que Sam.
   (C) Jen es mayor que Sam.
   (D) Jen será siempre mejor jugadora que Sam.

CONSEJOS

- Una pregunta sobre comparar, o semejanzas, suele tener palabras claves, como *ambos*, *igual*, *como* y *parecido*.
- Una pregunta sobre contrastar, o diferencias, suele tener palabras claves, como *distinto*, *diferente* y *no se parecen*.

Lee este artículo sobre los osos. Luego responde a las preguntas sobre el artículo. Elige la mejor respuesta a las Preguntas 13 y 14.

Existen siete tipos de osos en el mundo. Sólo dos tipos viven en los bosques silvestres de Norteamérica. Éstos son el oso negro y el oso pardo.

Estos dos mamíferos grandes viven en los bosques. Tienen la piel cubierta de pelaje y tienen la cabeza grande, las patas cortas y la cola corta.

Casi 80,000 osos negros americanos viven en los bosques al norte de Norteamérica. Tienen pelaje negro o café oscuro. La mayoría de los osos negros americanos crecen hasta cinco o seis pies de altura y pueden pesar hasta 350 libras. Son tímidos y generalmente se esconden de las personas.

Existen algunos miles de osos pardos que viven en los bosques occidentales de Norteamérica. La mayoría tiene el pelaje color café. Algunos tienen pelaje blanco mezclado con el pelaje café. A estos osos se les llama "osos Grizzly". La mayoría de los osos pardos pueden alcanzar hasta nueve pies de altura y pesan hasta 1,700 libras. Estos osos no son tímidos. De hecho, ¡se enojan con facilidad y son conocidos por perseguir a las personas!

13. ¿En qué se parecen los osos negros y los osos pardos?

Ⓐ Ambos son tímidos.

Ⓑ Ambos son pequeños.

Ⓒ Ambos viven en los bosques.

Ⓓ Ambos pesan casi 350 libras.

14. Una diferencia entre el oso negro y el oso pardo es que los osos negros

Ⓐ no se hallan en Norteamérica.

Ⓑ son de color café oscuro y los osos pardos son blancos.

Ⓒ crecen más que los osos pardos.

Ⓓ se esconden de las personas y los osos pardos no.

Lee el informe de ciencias de Eva sobre dos tipos de tormentas. Luego responde a las preguntas sobre el informe. Elige la mejor respuesta a las Preguntas 15 y 16.

Eva Thomas

Ciencias

Tercer grado

Srta. Hale

Dos tipos de tormentas

Los tornados son tormentas que se forman sobre la tierra. La mayoría de los tornados ocurren en la parte central de los Estados Unidos. Los vientos de los tornados pueden soplar a más de 300 millas por hora. Los tornados no viajan muy lejos, a menudo no avanzan más de 20 millas. En Estados Unidos, la temporada de tornados dura de marzo a agosto.

Los huracanes son tormentas que se forman sobre el océano. La mayoría de los huracanes ocurren en lugares a lo largo de las costas. Los huracanes también tienen vientos fuertes, pero no tan fuertes como los de un tornado. Estas tormentas pueden viajar cientos de millas. En Estados Unidos, la temporada de huracanes dura de junio a noviembre.

Los tornados usualmente duran sólo algunos minutos. Los huracanes pueden durar días. Sin embargo, los huracanes generalmente no causan tanto daño como los tornados.

15. Esta tabla compara y contrasta los tornados y los huracanes.

	Tornado	Huracán
Parecido	causa daño	causa daño
Diferente		

¿Qué dos cosas van en los espacios vacíos?

Ⓐ vientos fuertes/sin vientos

Ⓑ no viaja/viaja muchas millas

Ⓒ dura minutos/dura días

Ⓓ se forma en la tierra/se forma en la tierra y en el mar

16. ¿En qué se parecen un tornado y un huracán?

Ⓐ Ambos se forman sobre el océano.

Ⓑ Ambos ocurren de marzo a abril.

Ⓒ Ambos ocurren sólo en la parte central de Estados Unidos.

Ⓓ Ambos son tormentas con vientos fuertes.

¿Qué es una predicción?

Una predicción es una buena suposición de lo que puede ocurrir más tarde.
Con frecuencia se basa en información que se conoce o se ha leído.

1 Escribe una cosa que supusiste que ocurriría ayer o anteayer.

_____

_____

2 Escribe las pistas que te llevaron a suponer lo que ocurriría.

_____

_____

_____

3 ¿Fue correcta tu suposición? ¿Por qué crees que fue así?

_____

_____

Trabaja con un compañero

- Comenten sobre algo que pensaron que iba a ocurrir y ocurrió. Por
  ejemplo, pueden hablar de una película que les gustó y que sabía que
  les iba a gustar.

- Túrnense para explicar por qué pensaron que eso ocurriría.

¿Cómo haces una predicción?

Puedes hacer una predicción sobre una lectura antes de comenzar a leer. A veces, el título te da una pista de lo que vas a leer.

Lee el título de este fragmento.
Haz una o dos suposiciones de lo que encontrarás cuando leas.
Luego lee el texto.

> ### Un cachorro de cumpleaños
> Tito siempre ha querido un cachorro. Su mamá le dijo que tenía que esperar a que tuviera doce años para poder tener su cachorro. Tito tiene once años. Su cumpleaños es en dos días.

1. Pensemos en lo que dice el título sobre la lectura.

2. Observa la siguiente lupa. Muestra el título del fragmento.

Un cachorro de cumpleaños

Predicciones:
1. Un cachorro puede cumplir años.
2. Alguien recibe un cachorro de regalo de cumpleaños.

3. Ahora mira el cuadro que está al lado de la lupa. El cuadro muestra dos buenas suposiciones, o predicciones, sobre lo que trata el fragmento.

4. Piensa nuevamente en el título y en la información del fragmento.

5. Escribe la predicción del cuadro que es correcta.

_____

_____

 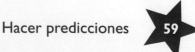

LO QUE DEBES SABER

Cuando piensas en lo que puede ocurrir en una lectura, estás **haciendo una predicción.** Usas todas las pistas de un texto, así como información que ya conoces, para hacer una buena suposición de lo que puede ocurrir después.

- A veces las claves se encuentran en el título de un texto. Lee el título y luego haz una predicción sobre lo que leerás.

- A veces las claves se encuentran en los hechos y detalles de un texto. Detalles sobre las cosas que los personajes hacen y dicen te ayudan a hacer una predicción sobre lo que podría ocurrirles o lo que podrían decir más adelante en la historia.

- Muchas veces las claves están en alguna imagen incluida en la lectura. Las imágenes muchas veces muestran algo que está pasando o pasará.

Lee la primera parte de este cuento sobre una niña llamada Jami. Mientras lees, piensa en lo que puede pasar después en el cuento.

Un desfile aguado

Jami saltó de la cama. Estaba muy emocionada. Hoy era el desfile del Día de la Bandera. Jami no había estado antes en un desfile. Pero este año iba a marchar con su clase de tercer grado. Mientras Jami se vestía, su hermano mayor le dijo: —Antes de que te vistas, deberías mirar por la ventana —Jami se asomó. El cielo estaba oscuro y gris.

Piensa en lo que has leído y lo que ya sabes de los desfiles. Haz una buena suposición de lo que podría pasar después. Luego sigue leyendo para saber qué tan cerca está tu suposición de lo que realmente ocurre.

—¡Está lloviendo! —gritó Jami, mientras la lluvia caía.

—¡Y eso no es lo peor! —dijo su hermano—. Parece que va a llover sin parar durante tres días.

Jami sabía que ya no era posible que se hiciera el desfile. Entonces, recibió una llamada telefónica de su maestra. El desfile había sido cancelado.

Lo qué pasó después en la historia fue:

Empezó a llover y el desfile se canceló.

Lee este fragmento sobre un libro nuevo en una biblioteca. Mientras lees, pregúntate: "¿Qué me dice el título sobre lo que leeré? ¿Qué detalles me ayudarán a predecir lo que ocurrirá después?". Luego responde a las preguntas.

La hora del cuento

Le tocaba a Luis llevar a su primito, Billy, a la biblioteca. La señorita Diana, la narradora de cuentos de la biblioteca, estaba lista para empezar a leer un libro nuevo. Ella le pidió a los niños que se sentaran en el piso, alrededor de su silla de narradora.

—¿Alguno de ustedes tiene una mascota? —preguntó la señorita. Billy levantó la mano y le contó a todos acerca de su gato, Nieve. Marta contó una historia sobre su perro, Fido. Liz habló de su pez dorado, Burbuja.

La señorita Diana preguntó a los niños si conocían a alguien que tuviera un dinosaurio como mascota.

—¡Nadie puede tener un dinosaurio como mascota! —se rió Marta.

—¡Bueno, veamos! —dijo la señorita Diana mientras sacaba de su maletín un enorme libro ilustrado.

1. ¿Cuál crees que puede ser el nombre del libro que leerá la Srta. Diana?
   - Ⓐ *Trenes y Aviones*
   - Ⓑ *La princesa Polly va a París*
   - Ⓒ *De paseo con T. Rex*
   - Ⓓ *Una familia pionera*

2. ¿Dónde hallaste las claves para hacer tu predicción?
   - Ⓐ en el título del cuento
   - Ⓑ en lo que dijo la señorita Diana
   - Ⓒ en los detalles sobre las mascotas de los niños
   - Ⓓ en los detalles de lo que sacó de su maletín la señorita Diana

Trabaja con un compañero

- Comenten sus respuestas a las preguntas.
- Digan por qué eligieron sus respuestas.
- Después comenten lo que han aprendido hasta ahora acerca de hacer predicciones.

REPASO

Hacer una predicción es una manera de usar las claves de la lectura, así como la información que ya conoces, para hacer una buena suposición de lo que puede ocurrir a continuación.

- Busca claves en los detalles de una selección como ayuda para hacer una buena suposición sobre lo que puede ocurrir a continuación. Las claves a menudo están en el título, en los hechos y detalles y en cualquier ilustración.

- Pregúntate: "¿Qué sé sobre lo que estoy leyendo?".

Lee este artículo sobre un escritor popular. Mientras lees, piensa en la clase de libros que escribe el autor. Luego responde a las preguntas.

¿Conoces a La valiente Irene, al doctor Desoto o a Silvester, el mono? Si es así, entonces probablemente leíste algunos de los libros de William Steig.

William Steig se inició como caricaturista. Cuando Steig tenía 22 años, su padre le dijo que la familia necesitaba dinero. Steig pensó que dibujar caricaturas sería una manera fácil de ganar algo de dinero. Y tenía razón. Pronto le vendió una caricatura a la revista *New Yorker*. Esta revista ha publicado caricaturas de Steig casi todas las semanas durante los últimos 60 años. ¡Eso es cerca de 3,000 caricaturas en total!

Steig escribió su primer libro para niños en 1969. Desde entonces, ha escrito muchos libros más. Los héroes de sus libros son valientes, inteligentes, llenos de esperanza y también muy divertidos. Pregúntale al bibliotecario de tu escuela por los libros de Steig. ¡No te arrepentirás!

3. Imagina que alguien quiere escribir sobre los tipos de héroes que describe William Steig. Los personajes de su libro probablemente serán

Ⓐ torpes y tontos.

Ⓑ cansados y malhumorados.

Ⓒ flojos y necios.

Ⓓ inteligentes y divertidos.

4. ¿Qué detalle del artículo te ayudó a hacer tu predicción?

Ⓐ Los héroes de los libros de Steig son valientes, inteligentes y llenos de esperanza.

Ⓑ Pregúntale al bibliotecario de tu escuela por los libros de Steig.

Ⓒ William Steig comenzó su carrera como caricaturista.

Ⓓ Desde entonces, ha escrito muchos libros más.

¿Cuál es la respuesta correcta y por qué?

Observa las opciones de respuesta para cada pregunta.
Lee por qué cada opción es correcta o no lo es.

3. Imagina que alguien quiere escribir sobre los tipos de héroes que describe William Steig. Los personajes de su libro probablemente serán

Ⓐ **torpes y necios.**

Esta respuesta no es correcta porque en el último párrafo dice que los héroes de los libros de Steig son valientes, inteligentes y llenos de esperanza.

Ⓑ **cansados y malhumorados.**

Esta respuesta no es correcta porque el último párrafo describe el tipo de héroe de los libros de Steig. Un héroe probablemente no estaría cansado ni malhumorado.

Ⓒ **flojos y necios.**

Esta respuesta no es correcta porque en el último párrafo dice que los héroes en los libros de Steig son valientes, inteligentes y llenos de esperanza. Un héroe probablemente no sería flojo y necio.

● **inteligentes y divertidos.**

Esta es la respuesta correcta porque el último párrafo describe el tipo de héroe en los libros de Steig. Los detalles indican que algunos de sus héroes son inteligentes y divertidos.

4. ¿Qué detalle del artículo te ayudó a hacer tu predicción?

● **Los héroes de los libros de Steig son valientes, inteligentes y llenos de esperanza.**

Esta es la respuesta correcta porque este detalle te ayuda a predecir qué tipo de personajes podrían aparecer en libros futuros.

Ⓑ **Pregúntale al bibliotecario de tu escuela por los libros de Steig.**

Esta respuesta no es correcta porque este detalle no da ninguna clave sobre el tipo de personaje sobre los que Steig escribe.

Ⓒ **William Steig comenzó su carrera como caricaturista.**

Esta respuesta no es correcta porque este detalle da sólo una clave sobre uno de los otros talentos de Steig.

Ⓓ **Desde entonces, ha escrito muchos libros más.**

Esta respuesta no es correcta porque este detalle da sólo una clave sobre el número de libros que ha escrito Steig.

ALGO MÁS

- Piensa en lo que ya sabes sobre lo que describe un texto. Si estás leyendo sobre el clima, piensa en lo que ya sabes acerca del clima. Si estás leyendo sobre mascotas, piensa en lo que ya sabes sobre mascotas.

- Relaciona lo que ya sabes con las claves que encuentres en el texto para hacer una buena predicción.

Lee este cuento sobre dos hermanos que pescan en un río. Luego responde a las preguntas.

—Mira el cielo —dijo Pablo mientras lanzaba su hilo de pescar desde el asiento de la canoa. Diego, su hermano, miró hacia arriba. El brillante sol de la mañana se había ido. En su lugar, había nubes oscuras moviéndose rápidamente a través del cielo.

—¿De dónde salieron todas esas nubes?

Pablo se encogió de hombros.

—No sé, pero se mueven muy rápido. —Pablo miró sobre su hombro. Las nubes eran cada vez más oscuras.

—Parece que el clima va a cambiar.

—Estoy de acuerdo —dijo Diego. Una brisa fuerte y tibia sopló en su cara. Él se ajustó la gorra—. Me pregunto cuánto rato más nos podremos quedar aquí.

—Mientras Diego hablaba, un relámpago iluminó el cielo.

—No sé tú —contestó Pablo—, ¡pero yo creo que deberíamos irnos a casa ahora mismo!

5. Predice qué ocurrirá probablemente.
   - Ⓐ Saldrá nuevamente el sol.
   - Ⓑ Caerá nieve sobre el lago.
   - Ⓒ Se formará un tornado en el agua.
   - Ⓓ Caerá lluvia desde las nubes oscuras.

6. ¿Qué es probable que hagan los niños a continuación?
   - Ⓐ quedarse en el lago.
   - Ⓑ remar hacia la orilla.
   - Ⓒ hablar más sobre qué hacer.
   - Ⓓ pescar cerca de la orilla.

7. Predice qué ocurriría si los niños se quedaran en el lago.
   - Ⓐ Pescarían muchos peces.
   - Ⓑ Se caerían de la canoa.
   - Ⓒ Estarían en peligro.
   - Ⓓ El tiempo no cambiaría.

8. Si el tiempo no hubiera cambiado, los niños probablemente habrían
   - Ⓐ ido a nadar.
   - Ⓑ regresado a casa.
   - Ⓒ continuado pescando.
   - Ⓓ tenido una discusión.

Lee este artículo sobre una mascota poco común.
Luego responde a las preguntas.

Los conejos domésticos

Un conejo doméstico es simplemente eso, un conejo que vive dentro de tu casa en vez de vivir al aire libre o en un granero. Incluso puedes tener un cuarto para el conejo. Los conejos son fantásticos como mascotas porque a ellos les gusta estar cerca de las personas y son muy amistosos y cariñosos.

Un conejo que vive dentro de una casa necesita su propia conejera. Una conejera es una casa pequeña hecha de alambre y madera.

Los conejos son inteligentes y muy limpios. Al igual que los gatos, pueden aprender a usar una caja para sus desechos. Pon la caja de desechos dentro de la conejera. Dentro de algunas semanas, el conejo descubrirá cómo usarla.

Los conejos son muy curiosos y les encanta morder todo. ¡Muerden cualquier cosa! Antes de dejar a tu conejo suelto dentro de tu casa, dale un juguete para morder.

9. Predice qué ocurriría si pusieras un conejo de juguete fuera de la conejera cerca de tu mascota.
   - Ⓐ El conejo lo ignoraría.
   - Ⓑ El conejo dormiría con él.
   - Ⓒ El conejo mostraría interés en él.
   - Ⓓ El conejo le tendría miedo.

10. Si fueras a comprarte un conejo como mascota, ¿qué libro sería probablemente más útil?
   - Ⓐ *Todo sobre los conejos salvajes*
   - Ⓑ *El cuidado de su conejo*
   - Ⓒ *El conejo saltarín va a la escuela*
   - Ⓓ *Cómo entrenar a su gato*

11. Predice lo que probablemente ocurriría si no le dieras juguetes adecuados a tu conejo para morder.
   - Ⓐ El conejo escaparía.
   - Ⓑ El conejo hallaría otra cosa para morder.
   - Ⓒ Al conejo se le caerían los dientes con el tiempo.
   - Ⓓ El conejo pronto dejaría de comer.

12. ¿Quién es más probable que compre un conejo como mascota?
   - Ⓐ Alguien a quien no le gusten los gatos.
   - Ⓑ Alguien que tenga un patio grande.
   - Ⓒ Alguien que viva en una granja.
   - Ⓓ Alguien que desee una mascota cariñosa.

CONSEJOS

- En una prueba sobre hacer predicciones te pueden pedir que supongas qué ocurrirá a continuación en una lectura, o qué podría ocurrir en el futuro.

- Una prueba sobre hacer predicciones a menudo contiene palabras como *predice*, *probablemente* o *lo más probable*.

Lee este artículo sobre los pájaros. Luego responde a las preguntas sobre el artículo. Elige la mejor respuesta a las Preguntas 13 y 14.

Sé amable con tus amigos emplumados

Muchos pájaros silvestres dependen de la bondad de las personas para conseguir alimento, especialmente en los lugares donde hay muchas casas y caminos. Cuando se limpia el terreno para construir nuevos vecindarios, se destruyen muchas plantas. Eso hace más difícil que los pájaros hallen alimento. Si no se les da comida, los pájaros deben buscar un nuevo lugar donde vivir.

Existen diferentes maneras de alimentar a los pájaros. Una de ellas es dejar afuera un comedero para pájaros lleno de semillas de girasol o semillas mezcladas. A los cardenales les gusta comer de los comederos. Otros pájaros como los gorriones, prefieren comer semillas dispersas en la tierra. Durante los meses de invierno, los pájaros necesitan grasa para sobrevivir al frío. Para ayudarlos, toma una piña de pino, úntala en mantequilla de maní y luego hazla girar sobre las semillas mezcladas. Átale una cuerda y cuélgala en la rama de un árbol.

Intenta alguna o todas estas ideas. No te sorprendas si los pájaros se demoran en hallar el alimento. Pero una vez que lo hagan, regresarán por más.

13. Predice qué es probable que ocurra al día siguiente de colgar el nuevo comedero de pájaros.
    Ⓐ Las semillas harán crecer plantas nuevas.
    Ⓑ Pocos pájaros, si los hay, comerán de él.
    Ⓒ Los gorriones esparcirán las semillas por el suelo.
    Ⓓ Los pájaros disfrutarán del alimento inmediatamente después.

14. ¿Qué ocurriría probablemente si la gente dejara de alimentar a los pájaros silvestres?
    Ⓐ Los pájaros tendrían que hallar otros tipos de alimento.
    Ⓑ Los pájaros morirían.
    Ⓒ Los pájaros se mudarían a otro lugar.
    Ⓓ Los pájaros comenzarían a comerse a otros animales.

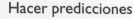

Lee este cuento sobre dos primos que están en una situación fuera de lo común. Luego responde a las preguntas sobre el cuento. Elige la mejor respuesta a las Preguntas 15 y 16.

Lin se sentía intranquila mientras estaba de pie sobre la base del lanzador. Ella apenas podía mirar al bateador, su primo David. A pesar de que habían jugado béisbol muchas veces en el parque, Lin nunca le había lanzado la pelota a su primo David en un juego real. En el parque, David generalmente se balanceaba y perdía cada vez que Lin le lanzaba la pelota.

"¿Debería lanzar más fácil para David que para los demás jugadores?", se preguntaba Lin. "Después de todo, él es mi primo. Me sentiría terrible si lo ponchara, especialmente en frente de todos sus amigos".

Lin respiró profundamente. Quizás la idea de hacer lanzamientos fáciles no era tan buena. "David y yo jugamos béisbol muy a menudo", se dijo Lin a sí misma. "Se dará cuenta si no hago mi mejor lanzamiento. Él se enojaría si supiera que lanzo más lento para él. Además, él bateó dos veces contra el otro lanzador. Quizá pueda hacer lo mismo conmigo". Ya sabía lo que debía hacer.

15. Predice lo qué hará Lin a continuación.
   Ⓐ Lanzará la pelota más fuerte que nunca.
   Ⓑ Le pedirá al entrenador que consiga a otro lanzador.
   Ⓒ Hará un lanzamiento fácil para su primo.
   Ⓓ Le lanzará la pelota a su primo como lo haría con cualquier otro jugador.

16. ¿Qué ocurrirá probablemente si Lin lanza a David la pelota del mismo modo en que lo hace normalmente?
   Ⓐ David bateará un jonrón.
   Ⓑ David no logrará batear.
   Ⓒ David bateará solamente los lanzamientos lentos.
   Ⓓ David bateará la pelota más lejos que nunca.

Lee este artículo sobre una escuela diferente. Luego responde a las preguntas sobre el artículo. Elige la mejor respuesta a las Preguntas 1 a 6.

Hace muchos años, había muy pocas escuelas en Estados Unidos. La mayoría de los niños aprendía a leer y a escribir en la casa. A medida que crecieron los pueblos y las aldeas, las personas comenzaron a construir escuelas.

Muchas de las primeras escuelas tenían sólo un salón de clase. De modo que en el mismo salón había estudiantes de todas las edades. Los niños que tenían seis años de edad estaban junto a los que tenían 12 ó 13 años.

Una escuela de un salón tenía sólo un maestro. La mayoría de los maestros era apenas unos años mayor que algunos de sus estudiantes. El maestro se sentaba en un escritorio alto en frente de la clase. De esta forma, podía ver todo el salón.

Una estufa de madera en el medio del salón lo mantenía caliente. Los estudiantes traían leña desde sus casas. Las paredes del salón estaban negras y cubiertas de hollín a causa del humo de la estufa.

Hace 100 años, había alrededor de 200,000 escuelas de un sólo salón de clase en Estados Unidos. Actualmente, hay solamente 800 y están ubicadas en partes del país en donde viven muy pocas personas. En Alaska y parte de California aún existen muchas de estas escuelas de un sólo salón.

Reconocer causa y efecto

1. Los maestros de las escuelas de un sólo salón se sentaban en un escritorio alto porque

(A) la mayoría de ellos eran niños pequeños.

(B) querían ver todo el salón.

(C) querían que se les tratara como reyes y reinas.

(D) querían que los padres los encontraran.

Comparar y contrastar

4. ¿En qué se parecen las escuelas de un solo salón a las grandes escuelas de hoy?

(A) Ambas usan estufas de madera para mantenerse calientes.

(B) Ambos son lugares para enseñar y aprender.

(C) Ambas tienen niños de todas las edades en un salón de clase.

(D) Ambas tienen un sólo salón de clase.

Reconocer causa y efecto

2. ¿Qué palabra clave en la lectura dice la razón por la cuál las paredes de la escuela estaban negras?

(A) de modo

(B) ya que

(C) razón

(D) a causa

Hacer predicciones

5. ¿Dónde es más probable que halles hoy una escuela de un solo salón?

(A) en la ciudad

(B) en un pueblo pequeño

(C) cerca de un parque de diversiones

(D) cerca de áreas de compras llenas de personas

Comparar y contrastar

3. Los maestros de las escuelas de un sólo salón eran diferentes de los maestros de hoy porque

(A) se sentaban en un escritorio al frente del salón.

(B) enseñaban a los estudiantes en salones con calefacción.

(C) vivían y trabajaban en la escuela.

(D) enseñaban a los estudiantes de todas las edades en el mismo salón.

Hacer predicciones

6. Imagina que una antigua escuela de un sólo salón se ha convertido en museo. Predice lo que probablemente encontrarías en el museo.

(A) un libro sobre computadoras

(B) un modelo de nave espacial

(C) un escritorio en el piso

(D) una caja con leña cortada

Lee este cuento folklórico chino. Luego responde a las preguntas.
Elige la mejor respuesta a las Preguntas 7 a 12.

El pintor y el juez

Había una vez un juez que era muy deshonesto. Ni siquiera escuchaba lo que la gente tenía que decir en la corte, a menos que se le pagara una atractiva suma. Incluso así, no había garantía de que el juez ayudaría. A veces sólo tomaba el dinero y no daba una audiencia justa en la corte. La mayoría de las personas sabían que el juez sólo pensaba en sí mismo. No le interesaba otra cosa que sacar dinero de las personas.

Un pintor vino a vivir al mismo pueblo donde vivía el juez. Había escuchado las historias de cómo el juez engañaba a las personas del pueblo. El juez también había escuchado historias sobre el pintor. Escuchó que el pintor hacía los cuadros más hermosos que alguien hubiera visto. El juez tomó un rollo de papel blanco y fue a buscar al pintor. Finalmente lo encontró en la plaza.

—Usted hará un cuadro hermoso para mí —le dijo el juez al pintor.

El pintor no quería hacer el trabajo. Sabía que, probablemente, no le pagaría.

—Me gustaría tener el tiempo, señor —dijo el pintor—, pero es que estoy muy ocupado ahora. Quizá en otra oportunidad.

Pero el juez no aceptó. Le rogó al pintor que le hiciera la pintura. Finalmente, le dijo al pintor que colgaría la pintura en la plaza principal de la ciudad para que todas las personas importantes lo vieran. El pintor decidió pintar el cuadro después de todo.

Un día después, el pintor fue a ver al juez.

—Terminé la pintura —dijo, entregándole al juez el pergamino.

El juez estaba muy emocionado porque el pintor había hecho el trabajo muy rápido. Sonreía encantado mientras desenrollaba el papel. Pero su sonrisa cambió por una cara de disgusto cuando vio que no había ninguna pintura en el papel. Sólo vio unas palabras que decían: "Vacas en el pasto."

—¿Dónde está el pasto? —preguntó el juez.

—Las vacas se lo comieron —dijo el pintor.

—¿Y dónde están las vacas? —preguntó el juez.

—Después de que se comieron el pasto —dijo el pintor—, no tenían nada que hacer. Entonces, se marcharon.

Reconocer causa y efecto

7. El pintor no quería pintar un cuadro para el juez porque

Ⓐ no tenía pintura.

Ⓑ no se le ocurría nada que pintar.

Ⓒ pensaba que el juez no le pagaría.

Ⓓ estaba demasiado ocupado trabajando para otra persona.

Reconocer causa y efecto

8. ¿Por qué aceptó el pintor finalmente pintar el cuadro?

Ⓐ porque el juez prometió colgar el cuadro donde lo vieran personas importantes

Ⓑ porque el juez le pagó una suma atractiva

Ⓒ porque el pintor le temía al juez

Ⓓ porque el pintor decidió que sí tenía tiempo

Comparar y contrastar

9. ¿En qué se diferencia el juez del cuento popular de la mayoría de los jueces?

Ⓐ Escucha a la gente.

Ⓑ Es justo.

Ⓒ Toma decisiones importantes.

Ⓓ Engaña a las personas.

Comparar y contrastar

10. ¿En qué se diferencia el cuadro que el pintor dio al juez de la mayoría de los cuadros?

Ⓐ No tiene dibujos.

Ⓑ Tiene pasto de verdad.

Ⓒ Muestra a unas vacas comiendo pasto.

Ⓓ Cuenta una historia.

Hacer predicciones

11. ¿Qué haría alguien probablemente si quisiera que el juez le escuchara?

Ⓐ le pintaría un cuadro al juez

Ⓑ le ofrecería al juez mucho dinero

Ⓒ le escribiría una carta al juez

Ⓓ engañaría al juez quitándole el dinero

Hacer predicciones

12. Predice lo que probablemente pasará la próxima vez que el juez quiera un cuadro.

Ⓐ Intentará pintar el cuadro él mismo.

Ⓑ Le pedirá al mismo pintor que haga el trabajo.

Ⓒ Contratará a otro pintor.

Ⓓ Le pagará una buena suma de dinero al pintor.

HALLAR EL SIGNIFICADO DE PALABRAS POR CONTEXTO

PARTE UNO: Piensa en la estrategia

¿Qué es el significado de palabras por contexto?

A veces, cuando hablas con alguien, esa persona usa palabras que nunca habías escuchado. Muchas veces puedes hallar el significado de la palabra por la manera en que la persona la usa.

1 Escribe lo que crees que significa la palabra *emergen*. No te preocupes si no sabes el significado real. Tan sólo haz una buena suposición.

_____

2 Alguien te dice: "A los gatos les gusta esconderse pero emergen para comer". Escribe lo que piensas que significa la palabra *emerge*.

_____

3 Escribe las pistas en la oración subrayada que te ayudaron a hallar el significado de la palabra *emergen*.

_____

_____

Trabaja con un compañero

- Comenten algunas de las palabras nuevas que han aprendido.
- Túrnense para usar cada palabra nueva en una oración. Asegúrense de que la oración dé una buena pista sobre el significado de la palabra.
- Pide a tu compañero que suponga cuál es el significado de la nueva palabra.

¿Cómo hallas el significado de las palabras por el contexto?

Cuando encuentras una palabra nueva en una lectura, puedes hallar el significado de la palabra por el contexto. Busca las pistas que te ayuden a saber el significado de la palabra. Las pistas pueden aparecer en la oración donde se encuentra la palabra. Las pistas también pueden estar en la oración que está antes o en la que va después de la oración que contiene la palabra.

Lee este fragmento sobre los animales que duermen durante el día. Trata de hallar el significado de la frase *se comportan*.

> Los búhos son conocidos por dormir todo el día y salir a buscar comida por la noche. Los mapaches se comportan de la misma forma. Ellos duermen todo el día y buscan comida por la noche. ¿Puedes pensar en otros animales que duerman en el día?

1. Vamos a reducir las pistas para hallar el significado de *se comportan*.

   Lee la siguiente tabla.

   Muestra tres oraciones: La que está antes de la frase *se comportan*, la que contiene la frase *se comportan* y la que está después de la frase *se comportan*.

   Observa cuidadosamente las oraciones que están antes y después de la frase *se comportan*.

Los búhos son conocidos por dormir todo el día y salir a buscar comida por la noche.	Los mapaches se comportan de la misma forma.	Ellos duermen todo el día y buscan comida por la noche.
Antes		Después

2. Ahora piensa en las pistas que te dan las oraciones:

   Los búhos duermen todo el día y salen por la noche a buscar comida.

   Los mapaches se comportan cómo los búhos.

   Si los mapaches se comportan como los búhos, ellos deben dormir durante el día y salir por la noche.

3. Entonces la frase *se comportan* significa _____ .

LO QUE DEBES SABER

Al usar las pistas de una lectura para deducir el significado de una palabra nueva, **hallas el significado de palabras por contexto**. Las palabras y frases que rodean una palabra nueva a menudo dan pistas sobre su significado. Esas pistas se llaman **pistas de contexto**.

- Las pistas de contexto a menudo están en la oración donde aparece la palabra nueva. Las pistas también pueden estar en las oraciones que aparecen antes y después de la palabra.

- Las pistas sobre el significado de la palabra nueva a menudo se hallan al pensar en la manera en que se usa la palabra en la oración.

- Las pistas sobre el significado de una palabra nueva pueden hallarse al pensar en los hechos y detalles de la parte de la lectura en que aparece la palabra nueva.

Lee este cuento sobre Paul y su abuelo. Mientras lees, piensa en el significado de la palabra *lanzaba* en la última oración.

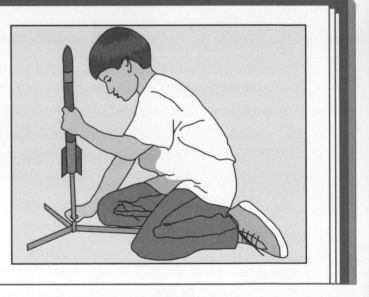

Paul y su abuelo fabrican cohetes juntos. Hoy probarán el nuevo cohete que hicieron. Paul colocó el cohete en la mitad del patio. El abuelo le pasó a Paul los controles del cohete.

—Cuando estés listo para enviar el cohete al espacio, presiona el botón rojo —dijo el abuelo. Paul sonreía mientras se preparaba para lanzar el cohete.

Puedes deducir el significado de la palabra *lanzar* mirando las palabras y las frases que la rodean. La frase *enviar el cohete al espacio* es una pista para entender el significado de la palabra *lanzar*.

El significado de la palabra *lanzar* es "enviar un cohete al espacio".

Lee el siguiente poema sobre una mariposa. Mientras lees, pregúntate: "¿Cuáles claves usaré para hallar el significado de la palabra *revoloteando*?". Luego responde a las preguntas.

La danza de la mariposa

Mariposa, mariposa
por ahí revoloteando.
Mariposa, mariposa,
en el cielo flotando.
Ven y descansa en las flores
que huelen como dulcitas.
Mientras bebes de su néctar
y descansas tus patitas.

1. La palabra *revoloteando* probablemente significa
   - Ⓐ "oler las flores".
   - Ⓑ "volar por los aires".
   - Ⓒ "buscar flores".
   - Ⓓ "moverse sin ir a alguna parte".

2. ¿Qué frase te da una pista del significado de la palabra *revoloteando*?
   - Ⓐ mariposa, mariposa
   - Ⓑ descansa tus patitas
   - Ⓒ en el cielo flotando
   - Ⓓ bebes de su néctar

Trabaja con un compañero

- Comenten sus respuestas a las preguntas.
- Digan por qué eligieron sus respuestas.
- Después comenten lo que han aprendido hasta ahora acerca de hallar el significado de palabras por contexto.

REPASO

Las palabras y frases que rodean una palabra nueva a menudo dan pistas sobre su significado.

- Busca las pistas de contexto en la oración donde aparece la palabra. Búscalas también en las oraciones que están antes y después de la palabra nueva.
- Busca las pistas sobre el significado de una palabra nueva al pensar en la manera como se usa la palabra en la oración.
- Busca las pistas del significado de una palabra nueva al pensar en los hechos y detalles del párrafo donde aparece la palabra nueva.

Lee este cuento de hadas moderno. Mientras lees, piensa cómo deducirás el significado de cualquier palabra nueva. Luego responde a las preguntas.

La nueva princesa

Había una vez un rey y una reina. Ellos estaban emocionados por el nacimiento de su hija. Las hadas entraban volando desde todas partes para conocer a la nueva princesa.

Las hadas miraban cómo dormía la bebé. Mientras ellas le conferían belleza, encanto y elegancia a la princesa, decían: —Nuestros regalos ayudarán a la niña a convertirse en una princesa hermosa, encantadora y elegante.

—¡Esperen un minuto! —anunció la reina—. Claro está que quiero que mi hija sea hermosa, encantadora y elegante. Pero quiero que sea ella misma. Si ella quiere ser encantadora, déjenla que practique sus modales. Si quiere ser inteligente, ella podrá estudiar. Si ella quiere ser músico, déjenla tomar lecciones de música.

Así fue como sin la ayuda de las hadas, la princesa se convirtió en una joven adorable. Al final, todos la consideraban una persona maravillosa.

3. En el párrafo dos, la palabra *conferían* probablemente significa

Ⓐ "buscaban".

Ⓑ "cubrían".

Ⓒ "se llevaban".

Ⓓ "regalaban".

4. ¿Cuál es el mejor significado en el cuento para la palabra *encantadora*?

Ⓐ "más bonita de todas"

Ⓑ "a salvo del peligro"

Ⓒ "amable y educada con los demás"

Ⓓ "que actúa de manera ruda"

¿Cuál es la respuesta correcta y por qué?

Observa las opciones de respuesta para cada pregunta.
Lee por qué cada opción es correcta o no lo es.

3. En el párrafo dos, la palabra *conferían* probablemente significa

Ⓐ "buscaban".

Esta respuesta no es correcta porque las hadas no iban al castillo a buscar belleza, encanto y elegancia. Ellas iban a conocer a la princesa.

Ⓑ "cubrían".

Esta respuesta no es correcta porque las palabras y frases que rodean a la palabra *conferían* no dan ninguna pista de que estén cubriendo a la bebé con alguna cosa.

Ⓒ "se llevaban".

Esta respuesta no es correcta porque no hay pistas que indiquen que las hadas se lleven algo de la bebé.

● "regalaban".

Esta es la respuesta correcta porque las palabras y frases que están antes y después de la palabra *conferían* indican que las hadas iban al castillo a llevar regalos. Por tanto, puedes deducir que la palabra *conferían* probablemente significa: "regalaban".

4. ¿Cuál es el mejor significado en el cuento para la palabra *encantadora*?

Ⓐ "más bonita de todas"

Esta respuesta no es correcta porque las palabras y frases que rodean a la palabra *encantadora* indican que para ser encantadora, una persona debe practicar sus modales. Ser la más bonita de todas no tiene nada que ver los modales.

Ⓑ "a salvo del peligro"

Esta respuesta no es correcta porque las palabras y frases que rodean a la palabra *encantadora* no describen ninguna cosa que protegería a la bebé del peligro.

● "amable y educada con los demás"

Esta es la respuesta correcta porque la frase: "*déjenla que practique sus modales*" está cerca de la palabra *encantadora*. La frase da una pista sobre el significado de la palabra. Puedes deducir que alguien que tiene buenos modales probablemente es amable y educada con los demás.

Ⓓ "que actúa de manera ruda"

Esta respuesta no es correcta porque las palabras y frases que rodean la palabra *encantadora* no describen maneras de actuar ruda o groseramente.

ALGO MÁS

- Busca un sinónimo, o una palabra con significado parecido, cerca de una palabra nueva en una lectura.
- Busca un antónimo o una palabra con significado opuesto, cerca de una palabra nueva en una lectura.
- Cuando creas que ya sabes el significado de una palabra nueva, lee la oración donde aparece la palabra, usando este significado nuevo. ¿Todavía tiene sentido la oración? Si es así, probablemente lograste hallar el significado de la palabra nueva.

Lee este artículo sobre los cisnes. Luego responde a las preguntas.

Hermoso y *sereno* son dos palabras que vienen a la mente cuando un tranquilo par de cisnes blancos como la nieve se deslizan sobre una laguna silenciosa.

—¡Absolutamente erróneo! —dicen algunos científicos. Según estos expertos, algunos cisnes son malos y sucios, especialmente los cisnes mudos. Estas son aves grandes que ahuyentan a las más pequeñas. A veces atacan a los animales y a las personas. Los cisnes mudos también son muy destructivos. Dañan muchos tipos de plantas, ya que pueden comer de cuatro a ocho libras de plantas al día. Se comen hasta las raíces y muchas plantas mueren y nunca vuelven a crecer.

¡El número de cisnes mudos en algunas partes de Estados Unidos está aumentando rápidamente! En Massachusetts hay el doble que hace 10 años. Esto estaría bien si las aves que parecen tan encantadoras no fueran tan desagradables.

Los funcionarios públicos de Rhode Island están desesperados. Allá los científicos sacuden los nidos de los cisnes mudos para evitar que empollen. Pero es mejor que tengan cuidado. ¡Los cisnes mudos que están empollando huevos son aún más malos!

5. En el primer párrafo, ¿qué palabra clave es un sinónimo de *sereno*?

- Ⓐ hermoso
- Ⓒ laguna
- Ⓑ tranquilo
- Ⓓ blanco

6. En el párrafo 3, ¿qué palabra clave es un antónimo de *desagradable*?

- Ⓐ aumentando
- Ⓒ mudo
- Ⓑ desesperado
- Ⓓ encantador

7. En el párrafo 2, ¿qué palabra da una pista para el significado de *destructivos*?

- Ⓐ dañan
- Ⓒ plantas
- Ⓑ personas
- Ⓓ raíces

8. El mejor significado de la palabra *desesperados* en el último párrafo es

- Ⓐ "llenos de esperanza".
- Ⓑ "pasando gran necesidad".
- Ⓒ "peligrosos o serios".
- Ⓓ "dispuestos a rendirse".

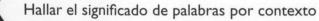

Lee este cuento sobre dos amigos que se encuentran con una sorpresa inesperada mientras caminan. Luego responde a las preguntas.

Un grito en el bosque

Ada se detuvo junto al sendero del bosque.

—¿Oíste eso? —le preguntó Ada a su amigo Hasan—. Creo que escuché algo como una voz.

Hasan aguzó el oído. Un grito débil pidiendo ayuda parecía hacer eco en el bosque.

—¡Yo también lo escuché! —exclamó él.

—Sígueme —dijo Ada, mientras se precipitaba sendero abajo—. Hay un claro en el bosque, más adelante. Podremos ver lo que está ocurriendo desde allá. —Hasan se apresuró a seguirla de cerca.

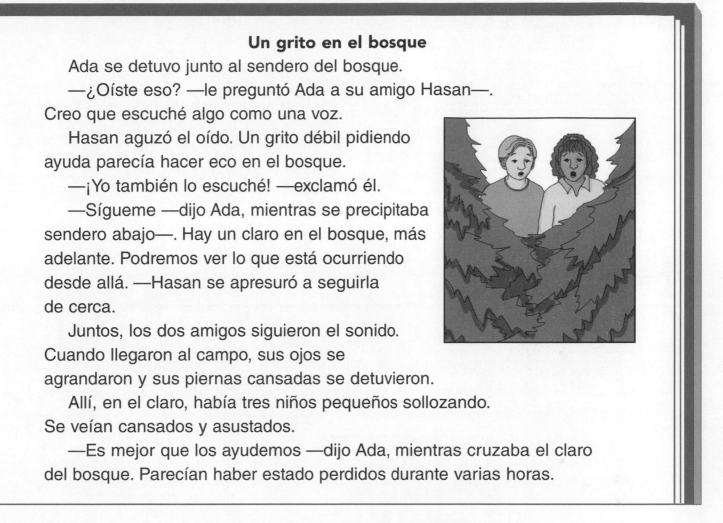

Juntos, los dos amigos siguieron el sonido. Cuando llegaron al campo, sus ojos se agrandaron y sus piernas cansadas se detuvieron.

Allí, en el claro, había tres niños pequeños sollozando. Se veían cansados y asustados.

—Es mejor que los ayudemos —dijo Ada, mientras cruzaba el claro del bosque. Parecían haber estado perdidos durante varias horas.

9. En el párrafo 3, puedes deducir que la palabra *débil* significa
   - Ⓐ "miedoso".
   - Ⓒ "fácil de hallar".
   - Ⓑ "fuerte".
   - Ⓓ "difícil de oír".

10. En el párrafo 5, ¿qué palabra da una pista para el significado de *precipitaba*?
   - Ⓐ sendero
   - Ⓒ apresuró
   - Ⓑ seguía
   - Ⓓ sendero

11. ¿Qué palabra clave es un sinónimo de *claro*?
   - Ⓐ sendero
   - Ⓒ sonido
   - Ⓑ campo
   - Ⓓ llanto

12. En el penúltimo párrafo, el mejor significado de la palabra *sollozando* es
   - Ⓐ "gritando con fuerza".
   - Ⓑ "tiritando de miedo".
   - Ⓒ "llorando suavemente".
   - Ⓓ "saltando alegremente".

CONSEJOS

- En una prueba sobre hallar el significado de palabras por contexto pueden preguntarte el significado de una palabra que se usa en la lectura. Algunas palabras tienen más de un significado. Asegúrate de elegir el significado correcto según la manera como se usa la palabra en la lectura.

- Generalmente una prueba sobre hallar el significado de palabras por contexto contiene varias opciones de respuesta. Intenta con cada opción dentro de la oración en la que aparece la palabra. Decide qué opción de respuesta tiene más sentido en la lectura.

Lee la letra de una canción escrita por un vaquero. Luego responde a las preguntas sobre la canción. Elige la mejor respuesta a las Preguntas 13 y 14.

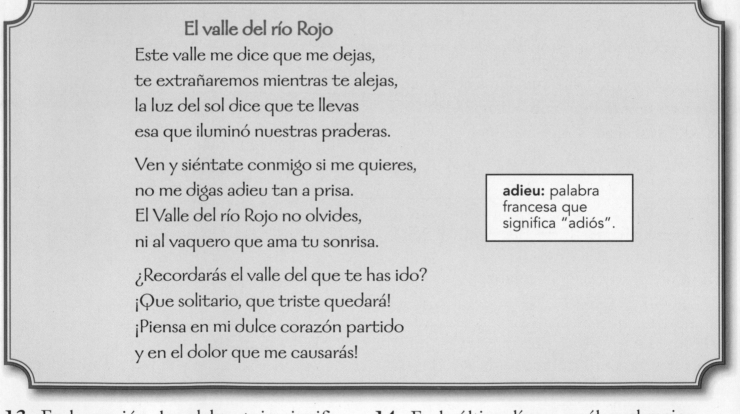

El valle del río Rojo

Este valle me dice que me dejas,
te extrañaremos mientras te alejas,
la luz del sol dice que te llevas
esa que iluminó nuestras praderas.

Ven y siéntate conmigo si me quieres,
no me digas adieu tan a prisa.
El Valle del río Rojo no olvides,
ni al vaquero que ama tu sonrisa.

adieu: palabra francesa que significa "adiós".

¿Recordarás el valle del que te has ido?
¡Que solitario, que triste quedará!
¡Piensa en mi dulce corazón partido
y en el dolor que me causarás!

13. En la canción, la palabra *prisa* significa
- Ⓐ "otra vez".
- Ⓑ "repentinamente".
- Ⓒ "rápidamente".
- Ⓓ "susurrando".

14. En la última línea, ¿cuál es el mejor significado para la palabra *dolor*?
- Ⓐ "amor"
- Ⓑ "tristeza"
- Ⓒ "paz"
- Ⓓ "alegría"

Lee este artículo escrito por un estudiante para un periódico escolar. Luego responde a las preguntas sobre el artículo. Elige la mejor respuesta a las Preguntas 15 y 16.

Los estudiantes necesitan más recreo

por Carla Gonzalez

¿Cuántos se dieron cuenta de que este año acortaron diez minutos el recreo? El año pasado, el recreo duraba veinte minutos. Pero este año, el recreo sólo dura la mitad.

¿Por qué el cambio? Bien, la semana pasada yo le planteé este problema a nuestra directora, la Srta. Bates.

"Se aprobó una nueva ley en el verano", explicó la Srta. Bates. "La ley establece que los estudiantes necesitan pasar más tiempo aprendiendo en el salón de clase. Como resultado, debía reducirse el tiempo del recreo diario".

Entonces, ¿qué pueden hacer los estudiantes al respecto? Hablar con sus padres. Explicarles lo importante que es para nosotros tener un recreo más largo. Los estudiantes necesitan conversar, correr y divertirse. El recreo nos ayuda a mantenernos en forma. El recreo también nos ayuda a prestar más atención durante la clase.

Pidan a sus padres que ayuden a la escuela para resolver el problema del tiempo. ¡Quizá entonces podamos conseguir los veinte minutos de recreo que necesitamos!

15. En el párrafo 2, la palabra *planteé* significa
    Ⓐ "pedí".
    Ⓑ "demostré".
    Ⓒ "presenté".
    Ⓓ "contesté".

16. El mejor significado de la palabra *reducirse* es
    Ⓐ "acortarse o achicarse".
    Ⓑ "abolirse".
    Ⓒ "hacerse de nuevo".
    Ⓓ "encontrarse adentro".

SACAR CONCLUSIONES Y HACER INFERENCIAS

PARTE UNO: Piensa en la estrategia

¿Qué son conclusiones e inferencias?

Hay muchas oportunidades en el día en las que descubres cosas por ti mismo sin que nadie te diga lo que está pasando. Si ves a alguien llorando, sabes que esa persona está triste. Si oyes a alguien reír, sabes que esa persona acaba de escuchar algo gracioso.

1 Escribe lo que puedes deducir sobre el clima si ves que la gente está caminando debajo de sus paraguas.

_____

_____

_____

2 Escribe las pistas que te ayudan a deducir ésto.

_____

_____

_____

_____

Trabaja con un compañero

- Túrnense para hacerse preguntas de: "¿Qué puedes deducir?".
- Pueden preguntarse: "¿Qué hora es si hay estrellas en el cielo?"

¿Cómo sacas conclusiones y haces inferencias?

Hay muchas ocasiones en las que sacas conclusiones o haces inferencias mientras lees. Algunas veces, el autor no da todos los detalles. Necesitas suponerlos por tu propia cuenta. Alguien puede escribir sobre un atardecer. El autor no tiene por qué decir qué hora es. Puedes deducir por tu cuenta que es de noche.

Lee este fragmento sobre el perro de la Sra. Anderson. Piensa en lo que puedes deducir por tí mismo.

> El perro de la Sra. Anderson ladra todas las noches, durante toda la noche. El perro es muy grande y ruidoso. Los vecinos de la Sra. Anderson no pueden dormir.

1. Saquemos una conclusión. Piensa en lo que dice el autor. También piensa en las pistas que está dando.

2. Observa la siguiente tabla. El primer cuadro tienen una lista con tres detalles que están en el texto.

3. El segundo cuadro dice lo que se insinúa en el texto. Esta es la información que el autor no dice.

4. ¿Qué puedes deducir por tu cuenta? Escribe la información que falta en el último cuadro.

¿Qué detalles se dan?	¿Qué información no dice el autor?	¿Qué información puedes descubrir por tu cuenta?
El perro de la Sra. Anderson ladra todas las noches. El perro es muy grande y ruidoso. Los vecinos de la Sra. Anderson no pueden dormir.	El autor no dice por qué los vecinos de la Sra. Anderson no pueden dormir.	Los vecinos de la Sra. Anderson no pueden dormir porque _____ _____ _____ .

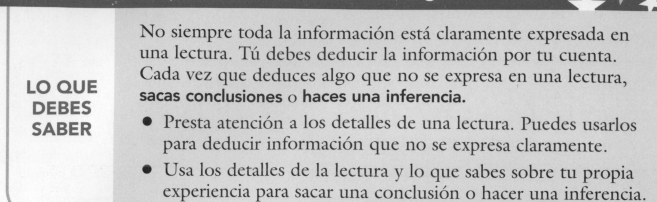

LO QUE DEBES SABER

No siempre toda la información está claramente expresada en una lectura. Tú debes deducir la información por tu cuenta. Cada vez que deduces algo que no se expresa en una lectura, **sacas conclusiones** o **haces una inferencia.**

- Presta atención a los detalles de una lectura. Puedes usarlos para deducir información que no se expresa claramente.

- Usa los detalles de la lectura y lo que sabes sobre tu propia experiencia para sacar una conclusión o hacer una inferencia.

Lee este cuento sobre una niña llamada Ana. Mientras lees, trata de deducir por qué las personas aplauden al final del cuento.

Hoy fue el día del gran torneo de gimnasia. Era el turno de Ana sobre la barra de equilibrio. Ana había practicado su rutina durante meses. Ella sabía que la dominaba bien. Pero la práctica era una cosa y el torneo era otra. ¡Había cientos de personas allí! Ella vio a su familia sentada en la tribuna. Le hacían señas para animarla.

Ana subió a la barra. Todo estaba saliendo tan bien: su apertura de piernas, su voltereta hacia delante y la rueda. ¡Ahora la voltereta hacia atrás! Ana podía escuchar a la gente vitoreando. Aquellas horas de práctica habían valido la pena.

Este cuento no indica por qué las personas estaban vitoreando. Sin embargo, da detalles que te ayudan a deducir por qué ocurría esto.

Todo estaba saliendo muy bien.

Aquellas horas de práctica habían valido la pena.

Estos detalles te ayudan a deducir que la voltereta hacia atrás de Ana fue un éxito. Probablemente sabes por tus propias experiencias que, al practicar algo, aprendes a hacerlo mejor. Probablemente también sabes que las personas vitorean cuando alguna cosa sale bien.

Lee este siguiente aviso sobre un evento en la ciudad. Mientras lees, busca detalles que te ayuden a deducir algunas de las cosas que las personas pueden hacer en el evento. Luego responde a las preguntas.

Mercado del Granjero

Todos los sábados
en la Plaza Comunitaria
8:00 A.M. a 3:00 P.M.

Compre frutas y vegetales frescos en
más de 25 puestos de granjas locales.
Intercambie recetas en la Mesa del Cocinero.
Compre tortas, galletas y panes frescos.
¡Traiga a su familia!

Los granjeros les enseñarán a los niños cómo cultivar y cuidar un huerto.
Los niños aprenderán las partes de los vegetales que pueden comer.
Haga que sus niños traigan un envase pequeño con tierra.
A los niños se les darán semillas de vegetales.

1. Según el aviso, puedes deducir que
   Ⓐ los niños no son bienvenidos.
   Ⓑ los niños podrán sembrar semillas.
   Ⓒ todas las plantas se pueden utilizar como alimento.
   Ⓓ todos los granjeros venderán pan.

2. ¿Qué detalle del aviso te ayudó a responder a la Pregunta 1?
   Ⓐ Intercambie recetas en la Mesa del Cocinero.
   Ⓑ ¡Traiga a su familia!
   Ⓒ Los niños aprenderán las partes de los vegetales que pueden comer.
   Ⓓ Haga que sus niños traigan un envase pequeño con tierra.

Trabaja con un compañero

- Comenten sus respuestas a las preguntas.
- Digan por qué eligieron sus respuestas.
- Después comenten lo que han aprendido hasta ahora acerca de sacar conclusiones y hacer inferencias.

REPASO

Sacar una conclusión o hacer una inferencia es una manera de deducir información que no está expresada en la lectura.

- Piensa en los detalles que se plantean en la selección. Usa estos detalles como ayuda para deducir la información que no se explica.

- Usa los detalles de la lectura y lo que sabes sobre tu propia experiencia para sacar conclusiones o hacer inferencias.

Lee esta fábula sobre un viejo león y un zorro. Mientras lees, pregúntate: "¿Qué información puedo deducir por mi cuenta?". Luego responde a las preguntas.

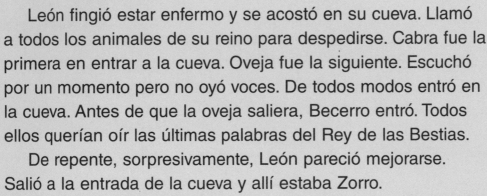

León fingió estar enfermo y se acostó en su cueva. Llamó a todos los animales de su reino para despedirse. Cabra fue la primera en entrar a la cueva. Oveja fue la siguiente. Escuchó por un momento pero no oyó voces. De todos modos entró en la cueva. Antes de que la oveja saliera, Becerro entró. Todos ellos querían oír las últimas palabras del Rey de las Bestias.

De repente, sorpresivamente, León pareció mejorarse. Salió a la entrada de la cueva y allí estaba Zorro.

—Zorro, ¿por qué no entraste a despedirme? —preguntó León.

—Perdóneme, su Alteza —dijo Zorro—, pero observé el sendero de los animales que ya han venido a verlo. Aunque vi muchas huellas de entrada, no vi ninguna de salida. Hasta que los animales que entraron en la cueva vuelvan a salir, pienso que es más prudente permanecer afuera.

3. León invitó a los animales a la cueva para poder
Ⓐ despedirse.
Ⓑ engañarlos.
Ⓒ cenar con ellos.
Ⓓ darle una fiesta a Zorro.

4. Puedes deducir que
Ⓐ León se comió a Cabra, Oveja y Becerro.
Ⓑ León estaba tan enfermo que se iba a morir.
Ⓒ Zorro les dijo a los otros animales que no entraran en la cueva.
Ⓓ Zorro fue el último animal que entró en la cueva.

¿Cuál es la respuesta correcta y por qué?

**Observa las opciones de respuesta para cada pregunta.
Lee por qué cada opción es correcta o no lo es.**

3. León invitó a los animales a la cueva para poder

Ⓐ **despedirse.**

Esta respuesta no es correcta porque los detalles de la fábula indican que León solamente *dijo* que quería despedirse de los animales. Pero nunca se oyeron voces dentro de la cueva.

● **engañarlos.**

Esta es la respuesta correcta porque los detalles indican que León solamente fingió estar enfermo. Puedes deducir que León engañó a los animales para que entraran en la cueva y comérselos.

Ⓒ **cenar con ellos.**

Esta respuesta no es correcta porque no hay detalles que indiquen que León cenó con los animales que lo visitaron.

Ⓓ **darle una fiesta a Zorro.**

Esta respuesta no es correcta porque no hay detalles sobre una fiesta. Además, los detalles indican que Zorro nunca entró en la cueva.

4. Puedes deducir que

● **León se comió a Cabra, Oveja y Becerro.**

Esta es la respuesta correcta porque los detalles indican que los animales entraron en la cueva pero nunca salieron. Puedes usar estos detalles junto con lo que ya sabes sobre los leones para deducir que León se comió a los animales.

Ⓑ **León estaba tan enfermo que se iba a morir.**

Esta respuesta no es correcta. Los detalles indican que León fingía estar enfermo. Los detalles indican que León se mejoró y salió de la cueva a hablar con Zorro.

Ⓒ **Zorro les dijo a los otros animales que no entraran en la cueva.**

Esta respuesta no es correcta. Los detalles indican que Zorro llegó después de los demás animales. Así que no pudo haberles dicho que no entraran en la cueva.

Ⓓ **Zorro fue el último animal que entró en la cueva.**

Esta respuesta no es correcta. Los detalles indican que Zorro supo que León los había engañado. Vio pisadas que entraban y no salían. Así que nunca entró. Aprendió de la mala suerte de los demás.

ALGO MÁS

- Observa los detalles en una lectura que hablan sobre la forma como una persona o personaje se ve, actúa, piensa, siente y habla. Piensa en cómo actúan otras personas con características similares.

- Piensa en cuándo y dónde ocurren las cosas en una lectura. Si algo pasa cerca de la Estatua de la Libertad, puedes deducir que el lugar es Nueva York. Si algo pasa cuando sale el sol, puedes deducir que es de mañana.

Lee este artículo sobre una niña que visita a su familia en India. Luego responde a las preguntas.

Shalini nació en India. Ella creció en Estados Unidos con sus padres. Su familia se mudó a Nueva York cuando su papá consiguió un nuevo trabajo. Ellos dejaron India para ir a su nuevo hogar en Estados Unidos cuando Shalini tenía cuatro años.

La mayor parte de la familia de Shalini vive todavía en India. Ella no ha visto a sus abuelos, tíos y primos hace mucho tiempo. Shalini acaba de volver a India de visita. Ella conoció por primera vez a su prima Yatish.

—Yatish y su familia son hindúes como yo —dice Shalini—. Ellos no comen casi carne ni pescado. Pero comen pollo, huevos y queso.

Shalini volverá a India el siguiente verano. Ella pasará ocho semanas con sus abuelos. —No puedo esperar —dice Shalini—. Me encanta vivir en Estados Unidos, pero India también es mi hogar.

5. Por el artículo, puedes deducir que Yatish
   Ⓐ no le presta atención a lo que come.
   Ⓑ come sólo algunas comidas.
   Ⓒ come todo tipo de comida.
   Ⓓ no le gusta comer dulces.

6. Una buena comida para Yatish sería
   Ⓐ hamburguesas con papas fritas.
   Ⓑ espaguetis con albóndigas.
   Ⓒ carne con puré de papas.
   Ⓓ arroz y pollo.

7. Puedes darte cuenta de que Shalini
   Ⓐ creció en India.
   Ⓑ tiene la misma edad de su prima.
   Ⓒ desea vivir en India todo el año.
   Ⓓ disfruta pasar el tiempo con sus abuelos.

8. Hay suficiente información en el artículo para demostrar que
   Ⓐ la familia de Shalini no come pollo.
   Ⓑ no se consigue carne en India.
   Ⓒ Yatish no había conocido a Shalini.
   Ⓓ a Shalini le gusta comer pescado.

Lee este artículo sobre Japón. Luego responde a las preguntas.

Japón es país isleño de Asia. Japón está formado por cuatro islas grandes y más de 3,000 islas más pequeñas. Las principales islas son Hokkaido, Honshu, Shikoku y Kyushu.

Japón es un país pequeño con una población grande. Las montañas cubren la mayor parte de Japón. Esta tierra no puede usarse para construir casas. Tampoco es buena para cultivar la tierra. La mayoría de las personas viven agrupadas en ciudades cerca del océano. Esto hace que algunas partes de Japón estén muy pobladas.

Japón tiene muchas características únicas e interesantes. El monte Fuji es el punto más alto de Japón. Es un volcán que no ha hecho erupción en 250 años. La llanura de Kanto es la planicie más grande de Japón. En esta llanura está la capital de Japón, Tokio.

Las primeras personas se establecieron en Japón hace más de 8,000 años. Con el tiempo, llamaron a su país Nipón. Esto significa "Tierra del sol naciente". Nipón es el nombre que aún se usa en el Japón actual.

9. Según el artículo, puedes deducir que Japón tiene
   - Ⓐ pocas ciudades.
   - Ⓑ pocas granjas.
   - Ⓒ pocos habitantes.
   - Ⓓ pocas islas.

10. Los detalles del artículo sugieren que Japón
   - Ⓐ es más grande que Estados Unidos.
   - Ⓑ está formado por muchas llanuras.
   - Ⓒ está rodeado de agua.
   - Ⓓ tiene la llanura más grande del mundo.

11. Según el artículo, ¿qué puedes concluir sobre el monte Fuji?
   - Ⓐ Está ubicado en Tokio.
   - Ⓑ Es un volcán activo.
   - Ⓒ Es el monte más alto del mundo.
   - Ⓓ No es un volcán activo.

12. ¿Qué cosa <u>no</u> hallarías probablemente en Japón?
   - Ⓐ un cantidad grande de habitantes
   - Ⓑ edificios altos
   - Ⓒ grandes áreas de planicies
   - Ⓓ ciudades muy pobladas junto al océano

CONSEJOS

- En una prueba sobre sacar conclusiones y hacer inferencias pueden pedirte que deduzcas algo que no se expresa en una lectura.

- Una prueba sobre sacar conclusiones y hacer inferencias a menudo contiene las palabras *puedes deducir*, *determinar* o *concluir*.

Lee este cuento sobre un suceso extraño. Luego responde a las preguntas. Elige la mejor respuesta a las Preguntas 13 y 14.

—Si fuera tú, sería cuidadosa —dijo una voz suave mientras Sara se preparaba para abrir la puerta del armario.

Sara se dio vuelta, pero no había nadie en el cuarto. Solamente había un reloj grande de pared, algunos muebles y una ventana grande que llenaba el cuarto con un rayo de luz de luna.

—¿Quién dijo eso? —preguntó Sara, confundida.

—Yo —dijo el reloj.

Los ojos de Sara se abrieron. Ella se acercó al reloj y dijo:

—¿Tú? ¿Tú me hablaste a mí?

—Creo que debo contarte algo sobre la puerta que casi abres. ¿Ves ese letrero en la puerta que dice ABRA CON CUIDADO? Existe una razón para que pusieran ese letrero. Esa puerta no es una puerta común. Si tú la abres, tu vida cambiará para siempre. Así es que, recuerda: Ábrela con cuidado.

—Gracias por la advertencia —dijo Sara mientras colocaba la mano en la perilla de la puerta. Hizo una pausa y luego quitó la mano. Después de unos minutos, tomó la perilla nuevamente. Lentamente, abrió la puerta. Casi de inmediato, una luz brillante inundó el cuarto. En pocos segundos, Sara llegó a un mundo extraño y misterioso.

13. Puedes deducir que el cuento ocurre
   - Ⓐ hace mucho tiempo.
   - Ⓑ en la noche.
   - Ⓒ en un castillo.
   - Ⓓ al amanecer.

14. Puede deducir que Sara
   - Ⓐ tenía miedo del reloj que habla.
   - Ⓑ deseaba no haber abierto la puerta.
   - Ⓒ casi cambia de opinión sobre abrir la puerta.
   - Ⓓ no vio el letrero en la puerta.

Lee este cuento follklórico de África. Luego responde a las preguntas sobre el cuento. Elige la mejor respuesta a las Preguntas 15 y 16.

Hace tiempo, una cría de Serpiente salió a jugar. Mientras se alejaba deslizándose, su madre le dijo esta rima: —Hijo mío, ten cuidado y mucha suerte, con las cosas con garras, con pico y con mandíbulas fuertes.

—Garras, pico y mandíbulas. Garras, pico y mandíbulas —repetía Bebé Serpiente.

Al mismo tiempo, una cría de rana salió a jugar. Cuando se alejaba saltando, su madre le dijo esta rima: —Hijo mío, ten cuidado y precaución, con las cosas que sisean y se enrollan, que aprietan y causan confusión.

—Sisean, se enrollan y aprietan. Sisean, se enrollan y aprietan —repetía Bebé Rana.

Bebé Serpiente y Bebé Rana se encontraron en el bosque tropical y jugaron todo el día. Primero, jugaron al salto de rana. Luego jugaron a esconderse y abrazarse.

Esa noche, Bebé Rana le contó a su mamá sobre sus juegos.

—¡No, no, Bebé Rana! Esconderse y abrazarse no es un juego. Ese es el juego de sisear, enrollar y apretar. Prométeme que nunca volverás a jugar con él.

Bebé Serpiente también le contó a su mamá sobre sus juegos.

—¡No, no, Bebé Serpiente! Esconderse y abrazarse no es un juego. Esconderte y abrazar es lo que *tú* debes hacer. ¡Esta es la forma como conseguirás tu alimento! Prométeme que sisearás, te enrollarás y apretarás.

15. Según el cuento folklórico, puedes deducir que

Ⓐ Bebé serpiente se comerá a Bebé Rana.

Ⓑ Bebé Serpiente nunca siseará, se enrollará ni apretará de nuevo.

Ⓒ Bebé Rana seguirá jugando seguro con Bebé Serpiente.

Ⓓ Bebé Rana estará en peligro si juega nuevamente con Bebé Serpiente.

16. El cuento folklórico sugiere que

Ⓐ las ranas son más inteligentes que las serpientes.

Ⓑ las ranas están en peligro con las serpientes.

Ⓒ se supone que las serpientes se comen a las ranas.

Ⓓ las serpientes le temen a las ranas.

DISTINGUIR ENTRE HECHO Y OPINIÓN

PARTE UNO: Piensa en la estrategia

¿Qué es un hecho?

¿Alguna vez le contaste a alguien lo que aprendiste en la escuela o lo que cenaste? Si fue así, estuviste contando hechos. Un hecho es algo que se puede probar. Si dices: "El maestro nos enseñó hoy sobre Johnny Applessed", estás diciendo un hecho. Se puede probar.

 1 Escribe un hecho sobre tu escuela.

_____

¿Qué es una opinión?

¿Alguna vez le contaste a alguien sobre las cosas que te gustan? Si fue así, esas eran opiniones. Una opinión es lo crees o piensas. Una opinión no se puede probar. Si dices: "Todos deberían leer el libro sobre Arthur y sus amigos", estás expresando una opinión. No todos estarán de acuerdo.

2 Escribe una opinión sobre tu escuela.

_____

3 Escribe por qué tu hecho es diferente de tu opinión.

_____

_____

Trabaja con un compañero

- Túrnense para decir un hecho de cualquier tema, como el clima o los planetas.
- Luego digan una opinión sobre el mismo tema.

¿Cómo hallas hechos y opiniones?

Algunas lecturas tienen detalles que son hechos. Algunas lecturas tienen detalles que son opiniones. Muchas lecturas tienen tanto hechos como opiniones. Puedes saber la diferencia si te haces esta pregunta: "¿Indica este detalle algo que se puede probar?". Si tu respuesta es "sí", entonces el detalle es un hecho. Si la respuesta es "no", entonces es una opinión.

Lee este texto sobre ganar un concurso. Trata de diferenciar los hechos de las opiniones.

> ¡Hoy fue el mejor día de mi vida! Gané un concurso de escritura en la escuela. Nunca antes había ganado algo. Siempre recordaré este día.

1. Pensemos cuáles detalles del texto son hechos y cuáles son opiniones.
2. Observa la siguiente tabla.

   Lee cada detalle.

   Si el detalle se puede probar, haz una marca al lado de "Hecho".

   Si el detalle no se puede probar, haz una marca al lado de "Opinión".

Detalle	Hecho u opinión		
¡Hoy fue el mejor día de mi vida!	Sí, se puede probar.	☐	Hecho
	No, no se puede probar.	✓	Opinión
Gané un concurso de escritura en la escuela.	Sí, se puede probar.	✓	Hecho
	No, no se puede probar.	☐	Opinión
Nunca antes había ganado algo.	Sí, se puedo probar.	☐	Hecho
	No, no se puede probar.	☐	Opinión
Siempre recordaré este día.	Sí, se puede probar.	☐	Hecho
	No, no se puede probar.	☐	Opinión

LO QUE DEBES SABER

Si puede probarse que una afirmación es verdadera, es un **hecho**. Si una declaración describe lo que alguien piensa o siente sobre algo, es una **opinión**. Los hechos se pueden probar pero las opiniones, no. Al deducir si una afirmación es un hecho o una opinión, estás **distinguiendo entre hecho y opinión**.

- Los hechos son afirmaciones que pueden verificarse o comprobarse.
- Las opiniones son afirmaciones que no pueden probarse. Indican lo que piensa o siente alguien.
- Las opiniones a menudo contienen palabras clave como *pienso*, *siento*, *creo* y *parece*. Otras palabras clave son *siempre*, *nunca*, *todos*, *ninguno*, *la mayoría*, *al menos*, *el más grande*, *el mejor* y *el peor*.

Lee este párrafo sobre San Francisco. Mientras lees, busca las afirmaciones que pueden probarse. Además, busca las afirmaciones que indican lo que piensa o siente alguien.

San Francisco está localizado en California. Creo que esta es la ciudad más bonita de Estados Unidos. Las aguas azules del océano Pacífico se encuentran al Oeste. La bahía de San Francisco está al Este. El puente Golden Gate conecta la ciudad con el norte de California. ¡San Francisco es el lugar perfecto para tus próximas vacaciones!

Las afirmaciones que pueden probarse son:
San Francisco está localizado en California.
Las aguas azules del océano Pacífico se encuentran al Oeste.
La bahía de San Francisco está el Este.
El puente Golden Gate conecta la ciudad con el norte de California.

Las afirmaciones que indican lo que piensa o siente alguien son:
Creo que esta es la ciudad más bonita de Estados Unidos.
¡San Francisco es el lugar perfecto para tus próximas vacaciones!

Lee esta reseña de una película escrita por un niño de diez años. Mientras lees, pregúntate: "¿Qué afirmaciones pueden probarse? ¿Cuáles no pueden probarse?". Luego responde a las preguntas.

Badzilla

Si te gustan las películas de terror, creo que te encantará la nueva película *Badzilla*. Si no te gustan las películas de terror, mejor quédate en casa. *Badzilla* no es una película para ti. Nunca se ha hecho una película que sea más escalofriante que *Badzilla*.

Badzilla es el nombre del monstruo de la película. Él es mitad robot y mitad humano. Fue construido por una científica llamada doctora Norma Tate. Un día, Badzilla escapa del laboratorio donde fue construido. La Dra. Tate hace un viaje a través del país para salvar su creación.

Badzilla se exhibe en el Teatro Global. También se exhibe en el Cine Reed del centro de la ciudad. Si puedes, ve la película en el Teatro Global. Esta es la mejor sala de cine de la ciudad.

1. ¿Cuál de estas afirmaciones es un hecho?

   Ⓐ *Badzilla* no es una película para ti.

   Ⓑ *Badzilla* se exhibe en el Teatro Global.

   Ⓒ Nunca se ha hecho una película que sea más escalofriante que *Badzilla*.

   Ⓓ Si te gustan las películas de terror, creo que te encantará la nueva película *Badzilla*.

2. ¿Qué palabra clave en el artículo indica una opinión sobre el Teatro Global?

   Ⓐ máxima

   Ⓑ creo

   Ⓒ nunca

   Ⓓ mejor

Trabaja con un compañero

- Comenten sus respuestas a las preguntas.
- Digan por qué eligieron sus respuestas.
- Después comenten lo que han aprendido hasta ahora acerca de distinguir entre hecho y opinión.

REPASO

Los hechos pueden probarse, pero las opiniones no.

- Para saber si una afirmación es un hecho, pregúntate: "¿Puede probarse esta afirmación?".

- Para saber si una afirmación es una opinión, pregúntate: "¿Indica esta afirmación lo que piensa o siente alguien?".

- Busca palabras clave que indiquen una opinión, como *pienso, siento, creo, parece, siempre, nunca, todos, ninguno, la mayoría, al menos, el más grande, el mejor* y *el peor.*

Lee este cuento sobre un niño que vive en Ghana. Mientras lees, piensa en cuáles afirmaciones son hechos y cuáles son opiniones. Luego responde a las preguntas.

> Mi nombre es Asare y soy de Ghana. Creo que no sabes mucho acerca de Ghana, de manera que te contaré un poquito.
>
> Ghana es un país de la costa occidental de África. Mi padre es pescador. Él dice que la pesca ha cambiado mucho durante los últimos años. Cuando mi bisabuelo era pescador, él talló su propio bote de madera y navegó mar adentro con muchos otros hombres, cada uno en su propia canoa. Ahora, mi padre continúa pescando en una canoa. Pero su canoa tiene un motor. Es mucho mejor tener un bote con motor.
>
> En Ghana, muchas personas pescan en el lago Volta. El lago Volta es un lago muy grande que está en la parte oriental de Ghana. Pero mi padre pesca en el océano Atlántico. Cuando pesca atún, yo soy el niño más feliz de Ghana. ¡El atún es el pescado más delicioso que hay!

3. ¿Qué afirmación indica lo que piensa o siente alguien?

- Ⓐ Mi nombre es Asare y soy de Ghana.
- Ⓑ En Ghana, muchas personas pescan en el lago Volta.
- Ⓒ Ahora, mi padre continúa pescando en una canoa.
- Ⓓ ¡El atún es el pescado más delicioso que hay!

4. ¿Qué afirmación puede probarse?

- Ⓐ Yo soy el niño más feliz de Ghana.
- Ⓑ Es mucho mejor tener un bote con motor.
- Ⓒ El lago Volta es un lago muy grande que está en la parte oriental de Ghana.
- Ⓓ Creo que no sabes mucho acerca de Ghana.

¿Cuál es la respuesta correcta y por qué?

Observa las opciones de respuesta para cada pregunta.
Lee por qué cada opción es correcta o no lo es.

3. ¿Qué afirmación indica lo que piensa o siente alguien?

Ⓐ **Mi nombre es Asare y soy de Ghana.**

Esta respuesta no es correcta porque esta afirmación es un hecho. Puede probarse que este es el nombre del niño.

Ⓑ **En Ghana, muchas personas pescan en el lago Volta.**

Esta respuesta no es correcta porque esta afirmación es un hecho. Puede probarse, mirando el lago, que muchas personas pescan allí.

Ⓒ **Actualmente, mi padre continúa pescando en una canoa.**

Esta respuesta no es correcta porque esta afirmación es un hecho. Puede probarse que el padre de Asare pesca en una canoa, mirándolo u observándolo.

● **¡El atún es el pescado más delicioso que hay!**

Esta es la respuesta correcta porque indica lo que Asare siente por el sabor del atún. Esta afirmación no puede probarse. Es una opinión.

4. ¿Qué afirmación puede probarse?

Ⓐ **Yo soy el niño más feliz de Ghana.**

Esta respuesta no es correcta porque no puede probarse que Asare sea el niño más feliz de Ghana. Lo más probable es que otros niños sean tan felices o más felices que él en ciertas ocasiones.

Ⓑ **Es mucho mejor tener un bote con motor.**

Esta respuesta no es correcta porque no puede probarse. Esta afirmación indica el tipo de bote que Asare considera mejor. Lo más probable es que otras personas tengan ideas diferentes. La palabra clave *mejor* indica que esta es una opinión, no un hecho.

● **El lago Volta es un lago muy grande que está en la parte oriental de Ghana.**

Esta es la respuesta correcta porque puede probarse. Puedes hallar información sobre el lago Volta en una enciclopedia, en un atlas o en Internet.

Ⓓ **Creo que no sabes mucho acerca de Ghana.**

Esta respuesta no es correcta porque no puede probarse. Asare no tiene idea de cuánto saben sobre Ghana los lectores de su cuento. La palabra clave *creo* indica que es una opinión.

ALGO MÁS

- Los hechos pueden verificarse o probarse. Puedes probar que un hecho es correcto o verdadero.

- Las opiniones expresan los pensamientos, sentimientos o creencias de alguien. Una opinión puede ser sobre un suceso, una idea, una persona o una cosa. Aunque una persona esté de acuerdo o no con una opinión, ésta no puede probarse.

Lee este artículo sobre el viento. Luego responde a las preguntas.

El viento es la fuerza más sorprendente. El viento es algo que no puedes ver, pero que sabes cuándo está ahí. Lo puedes sentir. Me encanta sentir cuando el viento sopla a través de mi cabello.

El viento es aire en movimiento. A veces, el aire se mueve lentamente y hay una suave brisa. El aire también puede moverse rápidamente, causando fuertes vientos. Un viento fuerte puede tumbar un árbol o los cables de la electricidad. El mejor viento es el viento suave.

Además de velocidad, el viento tiene dirección. Los vientos se describen por la dirección de donde vienen. El viento Norte sopla de Norte a Sur. El viento Sur sopla de Sur a Norte.

A pesar de que no puedes ver el viento, puedes ver lo que hace. Los árboles se mueven, las ventanas se sacuden y las hojas se caen de las ramas. No hay nada más divertido que ver las hojas haciendo remolinos como un tornado.

5. ¿Qué afirmación del artículo es un *hecho*?
   Ⓐ El viento es aire en movimiento.
   Ⓑ El mejor viento es el viento suave.
   Ⓒ El viento es la fuerza más sorprendente.
   Ⓓ Me encanta sentir cuando el viento sopla a través de mi cabello.

6. ¿Qué afirmación indica lo que siente o piensa alguien?
   Ⓐ Un viento fuerte puede tumbar un árbol.
   Ⓑ Además de velocidad, el viento tiene dirección.
   Ⓒ El viento es la fuerza más sorprendente.
   Ⓓ El viento Sur sopla de Sur a Norte.

7. ¿Qué palabra clave indica una *opinión* sobre un viento suave?
   Ⓐ más   Ⓒ siempre
   Ⓑ mejor   Ⓓ sentir

8. ¿Qué afirmación puede probarse?
   Ⓐ Me encanta sentir cuando el viento sopla a través de mi cabello.
   Ⓑ El mejor viento es el viento suave.
   Ⓒ El viento es algo que no puedes ver.
   Ⓓ No hay nada más divertido que ver las hojas haciendo remolinos como un tornado.

Lee este informe escrito por un estudiante. Luego responde a las preguntas.

Quiero ser veterinario

Cuando sea grande, quiero ser veterinario. Los veterinarios tienen los trabajos más interesantes. Creo que sería un buen veterinario. Me encantan los animales y parece que los animales me adoran. Soy bueno en matemáticas y ciencias. Estas habilidades me ayudarán a convertirme en el mejor veterinario.

Los veterinarios son como los médicos. La única diferencia es que los veterinarios tratan a los animales, no a las personas. Los veterinarios hacen las mismas cosas que los médicos. Ellos tratan enfermedades, dan medicinas y hacen operaciones.

Las personas piensan que un veterinario sólo trata perros y gatos enfermos. Los veterinarios hacen más que ayudar a mascotas enfermas. Los granjeros dependen de los veterinarios para mantener a sus animales libres de enfermedades. Una enfermedad que se contagie entre los animales de una granja puede dejar a un granjero sin negocio.

Los veterinarios también ayudan a mantener la salud de los animales del zoológico. Otros veterinarios ayudan a proteger animales en peligro. Otros veterinarios investigan. Existen diferentes clases de trabajos que un veterinario puede hacer.

9. ¿Qué afirmación puede probarse?

Ⓐ Creo que yo sería un buen veterinario.

Ⓑ Las personas piensan que un veterinario sólo trata perros y gatos enfermos.

Ⓒ Los veterinarios hacen más que ayudar a mascotas enfermas.

Ⓓ Me encantan los animales y parece que los animales me adoran.

10. ¿Qué afirmación es un *hecho*?

Ⓐ Los veterinarios tienen los trabajos más interesantes.

Ⓑ Los veterinarios son como los médicos.

Ⓒ Soy bueno en matemáticas y ciencias.

Ⓓ Estas habilidades me ayudarán a convertirme en el mejor veterinario.

11. ¿Qué afirmación es una *opinión*?

Ⓐ Los granjeros dependen de los veterinarios para mantener a sus animales libres de enfermedades.

Ⓑ Los veterinarios también ayudan a mantener la salud de los animales del zoológico.

Ⓒ Otros veterinarios investigan.

Ⓓ Creo que sería un buen veterinario.

12. ¿Qué afirmación es una opinión sobre los veterinarios?

Ⓐ Tratan a animales, no a personas.

Ⓑ Tienen los trabajos más interesantes.

Ⓒ Tratan enfermedades, dan medicinas y hacen operaciones.

Ⓓ Hacen más que ayudar a mascotas enfermas.

CONSEJOS

- En una prueba sobre distinguir entre hecho y opinión pueden pedirte que identifiques, entre cuatro afirmaciones, cuál es un hecho o una opinión.
- Para reconocer un *hecho*, lee cada opción de respuesta y pregúntate: "¿Se puede probar esta afirmación?". Si se puede probar, entonces es un hecho.
- Para reconocer una *opinión*, lee cada opción de respuesta y pregúntate: "¿Indica esta declaración lo que piensa o siente alguien?". De ser así, entonces es una opinión. También puedes mirar en las opciones las palabras clave que indican una opinión.

Lee este artículo sobre un tipo de rompecabezas popular. Luego responde a las preguntas sobre el artículo. Elige la mejor respuesta a las Preguntas 13 y 14.

Ni los adultos ni los jóvenes se aburren de armar rompecabezas. Estos rompecabezas han existido por siglos. Se llaman rompecabezas porque hay que pensar mucho para lograr armarlos con éxito.

Los primeros rompecabezas se crearon en Inglaterra. Se usaban para enseñar geografía a los estudiantes. Se hacían dibujando primero un mapa sobre un trozo de madera. Luego se cortaba la madera con un serrucho en diferentes formas. Más tarde, se hicieron diferentes tipos de dibujos para los rompecabezas. Estos dibujos enseñaban historia, el abecedario, las plantas y los animales. Con el tiempo, los rompecabezas se convirtieron más en un juego que en un instrumento de enseñanza.

Los rompecabezas se hicieron populares en Estados Unidos en la década de 1930. En este tiempo las personas no tenían mucho dinero. Ellos eran un regalo divertido que no costaba mucho. Hoy en día, armar rompecabezas todavía es la mejor manera de entretenerse sin gastar mucho dinero. Los rompecabezas siempre serán populares.

13. ¿Qué afirmación es una *opinión*?
   Ⓐ Los primeros rompecabezas se crearon en Inglaterra.
   Ⓑ Estos rompecabezas han existido por siglos.
   Ⓒ Ni los adultos ni los jóvenes se aburren de armar rompecabezas.
   Ⓓ Se llaman rompecabezas porque hay que pensar mucho para lograr armarlos con éxito.

14. ¿Qué afirmación es un *hecho*?
   Ⓐ Los rompecabezas siempre serán populares.
   Ⓑ Los rompecabezas se usaban para enseñar geografía.
   Ⓒ Hoy en día, armar rompecabezas todavía es la mejor manera de entretenerse sin gastar mucho.
   Ⓓ Ni los adultos ni los jóvenes se aburren de armar rompecabezas.

Lee este artículo publicado en un periódico escolar.
Luego responde a las preguntas sobre el artículo. Elige la mejor
respuesta a las Preguntas 15 y 16.

Los estudiantes necesitan el recreo del almuerzo

Debemos hacer algo con respecto a la cafetería de la escuela. Durante semanas, muchos estudiantes han estado comportándose mal a la hora del almuerzo. Como resultado, todos los estudiantes hemos perdido nuestro recreo para almorzar. Esto no es justo. Los estudiantes que se comportan bien no deben ser castigados. Los estudiantes necesitan recreo. Pasamos la mayor parte del día en el salón de clases. Necesitamos salir y tener tiempo para descansar de los estudios. Es cierto que tenemos un recreo de 10 minutos en la mañana. Pero esto no es suficiente.

Todos estamos de acuerdo en que los estudiantes no deben comportarse mal durante el almuerzo. Pero castigarnos a todos no es la solución. Los estudiantes que están causando el problema deben ser castigados individualmente. Si no, nunca dejarán de molestar. Estudiantes y maestros debemos trabajar juntos para resolver este problema.

15. ¿Qué afirmación del artículo es un *hecho*?
   Ⓐ Los estudiantes necesitan recreo.
   Ⓑ Castigarnos a todos no es la solución.
   Ⓒ Todos los estudiantes hemos perdido nuestro recreo para almorzar.
   Ⓓ Debemos hacer algo con respecto a la cafetería de la escuela.

16. ¿Qué afirmación indica lo que piensa o siente alguien?
   Ⓐ Durante semanas, muchos estudiantes han estado comportándose mal a la hora del almuerzo.
   Ⓑ Los estudiantes que están causando el problema deben ser castigados individualmente.
   Ⓒ Pasamos la mayor parte del día en el salón de clases.
   Ⓓ Es cierto que tenemos un recreo de 10 minutos en la mañana.

Lee esta biografía corta. Luego responde a las preguntas sobre la biografía. Elige la mejor respuesta a las Preguntas 1 a 6.

Marian Wright nació en Carolina del Sur en 1939. Ella era la menor de cinco hijos. Los padres de Marian creían que sus hijos siempre debían trabajar mucho. Los niños hacían tareas domésticas, debían leer una hora todas las noche y ayudaban a las personas de su comunidad.

De niña, Marian vio muchos ejemplos de prejuicios. Los niños afroamericanos no podían asistir a la escuela con los blancos, ni tampoco podían jugar en los mismos patios de recreo. Los afroamericanos no podían recibir atención en los mejores hospitales. Marian sentía que esto no era justo ni correcto.

Marian estudió mucho e ingresó a la universidad. Después de la universidad, asistió a la facultad de leyes y se convirtió en abogado. En 1968, se casó con Peter Edelman.

Como abogado, Marian trabajó para mejorar la vida de los niños. Ayudar a otras personas, especialmente a niños, es un trabajo muy importante. Ella fundó el Fondo para la Defensa de los Niños. Este Fondo trabaja para dar a todos los niños de Estados Unidos lo que necesitan para prosperar. Todos deberían apoyar el trabajo del Fondo para la Defensa de los Niños.

Marian Wright Edelman no sólo conoce el problema. Ella siempre trabaja mucho para hallar la solución. Esta notable mujer debe ser admirada por todos.

Hallar el significado de palabras por contexto

1. En el párrafo 2, la palabra *prejuicios* significa

Ⓐ "trato injusto".

Ⓑ "acciones amables".

Ⓒ "comportamiento curioso".

Ⓓ "ideas extrañas".

Hallar el significado de palabras por contexto

2. En el último párrafo, ¿qué grupo de palabras da una pista para el significado de la palabra *solución*?

Ⓐ Ella siempre trabaja mucho...

Ⓑ ... no sólo conoce el problema.

Ⓒ Esta notable mujer...

Ⓓ ... debe ser admirada por todos.

Sacar conclusiones y hacer inferencias

3. Según esta biografía, puedes deducir que Marian Wright Edelman

Ⓐ se preocupa por la paz mundial.

Ⓑ se interesa principalmente por sí misma.

Ⓒ se preocupa por las personas.

Ⓓ se involucra con su comunidad.

Sacar conclusiones y hacer inferencias

4. La biografía sugiere que los padres de Marian Wright

Ⓐ rara vez pasaban tiempo con sus hijos.

Ⓑ creían que leer era importante.

Ⓒ no querían que Marian asistiera a la facultad de leyes.

Ⓓ pensaban que su hija no haría mucho con su vida.

Distinguir entre hecho y opinión

5. ¿Qué palabra clave en la biografía indica la *opinión* que tenía Marian sobre lo que vio siendo niña?

Ⓐ siempre

Ⓑ creía

Ⓒ todo

Ⓓ sentía

Distinguir entre hecho y opinión

6. ¿Qué afirmación es un *hecho*?

Ⓐ Todos deberían apoyar el trabajo del Fondo para la Defensa de los Niños.

Ⓑ Marian fundó el Fondo para la Defensa de los Niños.

Ⓒ Ayudar a otras personas es muy importante.

Ⓓ Esta notable mujer debe ser admirada por todos.

 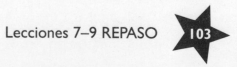

Lee este cuento folklórico muy antiguo. Luego responde a las preguntas sobre el cuento. Elige la mejor respuesta a las Preguntas 7 a 12.

De tal amo, tal sirviente

Un día en China, un maestro decidió salir a caminar. Ahora, este maestro era el hombre más tonto de la tierra. Era tan cabeza de chorlito que cuando se puso sus botas, no se dio cuenta de que eran dos botas diferentes. Una bota tenía la suela muy gruesa y la otra tenía la suela muy delgada.

El maestro comenzó a caminar, mientras su sirviente lo seguía. Muy pronto, al maestro se le hizo difícil caminar. Un pie siempre se le hundía más que el otro.

Un extraño pasó por su lado y vio el problema que tenía.

—Disculpe —dijo el extraño, sonriendo—. Usted tiene un problema al caminar porque una de sus botas tiene la suela gruesa y la otra delgada. Póngase dos botas con el mismo tipo de suela y no tendrá más problemas.

El maestro miró a su sirviente y le dijo:

—Regresa a la casa y tráeme mis otras botas.

El sirviente regresó corriendo a la casa y rápidamente halló las otras botas. Las miró cuidadosamente. Una bota tenía una suela gruesa y la otra tenía una suela delgada.

—Estas botas no son mejores que las que lleva mi amo ahora. No hay razón para llevárselas. Son tan desiguales como las que tiene ahora.

Entonces el sirviente regresó corriendo donde su amo, que lo estaba esperando. Cuando el maestro vio que su sirviente regresaba con las manos vacías, le preguntó:

—¿Dónde están las botas que te pedí?

—Maestro —dijo el sirviente—, las botas que están en la casa también tienen una suela gruesa y una suela delgada. No son mejores que las que usted lleva ahora.

¿Qué crees que le dijo el maestro a su sirviente?

—¡Qué afortunado soy de tener un sirviente tan sabio! Hoy, mi caminata deberá ser difícil.

Y los dos hombres siguieron su camino.

Hallar el significado de palabras por contexto

7. Puedes deducir que *cabeza de chorlito* es alguien que
- Ⓐ es tonto.
- Ⓑ le gustan los pájaros.
- Ⓒ es inteligente.
- Ⓓ vivió hace mucho tiempo.

Hallar el significado de palabras por contexto

8. En el último párrafo, la palabra *afortunado* significa
- Ⓐ infeliz.
- Ⓑ tonto.
- Ⓒ inteligente.
- Ⓓ que tiene suerte.

Sacar conclusiones y hacer inferencias

9. El maestro no estaba enojado con su sirviente por no traerle las botas porque el maestro
- Ⓐ vio que su sirviente ya estaba molesto.
- Ⓑ siempre era paciente con su sirviente.
- Ⓒ realmente no quería cambiarse de botas.
- Ⓓ era tan tonto como su sirviente.

Sacar conclusiones y hacer inferencias

10. ¿Qué detalle del cuento folklórico te ayudó a responder a la pregunta 9?
- Ⓐ "¡Qué afortunado soy de tener un sirviente tan sabio!"
- Ⓑ "No son mejores que las que usted lleva ahora".
- Ⓒ "Regresa a la casa y tráeme mis otras botas".
- Ⓓ "Usted tiene un problema al caminar porque una de sus botas tiene la suela gruesa y la otra delgada.

Distinguir entre hecho y opinión

11. ¿Qué afirmación es un *hecho*?
- Ⓐ Era el mejor maestro de la tierra.
- Ⓑ El maestro era el más sabio.
- Ⓒ El maestro envió a su sirviente de regreso a la casa.
- Ⓓ El maestro era el hombre más tonto de la tierra.

Distinguir entre hecho y opinión

12. ¿Qué afirmación es una *opinión*?
- Ⓐ "¡Qué afortunado soy de tener un sirviente tan sabio!"
- Ⓑ "Usted tiene un problema al caminar porque una de sus botas tiene la suela gruesa y la otra delgada".
- Ⓒ "Son tan desiguales como las que tiene ahora".
- Ⓓ "Regresa a la casa y tráeme mis otras botas".

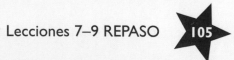

IDENTIFICAR EL PROPÓSITO DEL AUTOR

PARTE UNO: Piensa en la estrategia

¿Qué es el propósito del autor?

Los autores siempre escriben por alguna razón. Todo lo que lees tiene un propósito. El propósito del autor es describir, entretener, explicar o convencer.

Escribe cuál es el propósito del autor al escribir los siguientes tipos de texto. Comenta si el propósito del autor es describir, entretener, explicar o convencer.

1 Un artículo de periódico

El propósito del autor es _____.

2 Una historieta

El propósito del autor es _____.

3 Un anuncio publicitario

El propósito del autor es _____.

4 Un párrafo sobre el aspecto de los búhos

El propósito del autor es _____.

Trabaja con un compañero

- Túrnense para comentar sobre los diferentes textos que han leído. Piensen en libros, anuncios en el periódico, revistas de cine y poemas.
- Juntos, traten de identificar el propósito del autor en lo que han leído.

¿Cómo hallas el propósito del autor?

Todos los textos se escribe por alguna razón. Cuando leas, pregúntate: "¿Qué quiere el autor que yo sepa?". Tu respuesta te ayudará a deducir el propósito del autor.

Lee esta historia sobre un hámster llamado Durazno. Trata de hallar el propósito del autor con esta lectura.

> Le puse a mi hámster Durazno porque es anaranjado y blanco. Melocotón tiene ojos negros que parecen cuentas diminutas. A veces guarda la comida en sus mejillas. Esto hace que su cara se infle. Durazno luce muy gracioso con sus mejillas grandes y su cuerpo pequeñito.

1. Piensa en lo que el autor quiere que sepas.

   Vamos a reducir las opciones con la siguiente tabla.

2. Marca "sí" o "no" en cada opción. Sólo puedes colocar "sí" una vez en esta tabla.

	Sí	No	
¿La historia da principalmente detalles de una persona, un lugar o alguna cosa en particular?			Describir
¿La historia trata principalmente de hacerte reír o de enseñarte una lección?			Entretener
¿La historia indica principalmente cómo hacer o preparar algo?			Explicar
¿La historia trata principalmente de hacer que hagas o compres algo?			Convencer

3. Escribe la opción marcada "sí".

_____

LO QUE DEBES SABER

Todos los autores escriben por alguna razón. Esa razón se llama propósito del autor. Al deducir por qué se escribió una lectura, **identificas el propósito del autor**. Los autores escriben por una de estas cuatro razones: para describir, para entretener, para explicar o para convencer.

- Algunas lecturas principalmente describen algo, como una persona, lugar o cosa. El propósito del autor es **describir**.

- Algunas lecturas principalmente cuentan una historia personal o algo entretenido o usan una historia para enseñar una lección. El propósito del autor es **entretener**.

- Algunas lecturas cuentan principalmente cómo hacer algo o contienen mucha información sobre alguna persona, lugar o cosa. El propósito del autor es **explicar**.

- Algunas lecturas se escriben principalmente para intentar hacer que los lectores hagan, compren o crean algo. El propósito del autor es **convencer**.

Lee este poema sobre una invitación a cenar. Mientras lees, piensa por qué el autor probablemente escribió este poema.

¿Quieres venir a cenar?

Tendremos jalea de fresa y cerdo con cereza,

Patatas con comino y tomates con tocino,

Dulce de calabaza y chuletas con mostaza,

Patitas de rana con aderezo y salchichas con mucho queso.

Para el postre tendremos flan,

Con un poquito de azafrán.

¿Quieres venir a cenar?

El autor probablemente escribió este poema para hacerte sonreír o reír. El propósito del autor es entretener a los lectores con un poema gracioso.

Lee este anuncio de una pizzería. Mientras lees, trata de deducir el propósito del autor para escribir el anuncio. Luego responde a las preguntas.

PIZZAS DE LINA
¡La mejor pizza de la ciudad!

Las personas de Chicago dicen que esta ciudad tiene la pizza más deliciosa. En Los Ángeles, dicen que tienen la mejor pizza del mundo. Para los neoyorkinos, sólo la pizza de Nueva York es la mejor. Otros dicen que hay que ir a Italia para probar una verdadera pizza.

Ahora no es necesario ir a Chicago, Los Ángeles, Nueva York o Italia para conseguir una pizza deliciosa. Puedes conseguir la mejor pizza aquí mismo en Springfield en Pizzas de Lina.

Lina acaba de regresar de un viaje por el mundo. Buscó las mejores recetas de pizza. Ella probó todas las pizzas que pudo. Aprendió los secretos de los mejores maestros de pizza del mundo. Ahora, Lina regresó a Springfield. ¡Ven a Pizzas de Lina! ¡Deja que Lina prepare la mejor pizza del mundo para ti!

Pizzas de Lina • Calle Principal, N°. 1492 • Springfield

1. El autor escribió el anuncio principalmente para
- Ⓐ explicar la historia de la pizza.
- Ⓑ describir la pizza a las personas que no la conocen.
- Ⓒ entretener a los lectores con una historia divertida sobre la pizza.
- Ⓓ hacer que los lectores prueben la pizza de Lina.

2. Sabes que tu respuesta a la pregunta 1 es correcta porque
- Ⓐ contiene muchos detalles que describen alguna cosa.
- Ⓑ presenta hechos o dice a los lectores cómo hacer algo.
- Ⓒ intenta convencer a los lectores de que hagan alguna cosa.
- Ⓓ narra un cuento simpático.

Trabaja con un compañero

- Comenten sus respuestas a las preguntas.
- Digan por qué eligieron sus respuestas.
- Después comenten lo que han aprendido hasta ahora acerca de identificar el propósito del autor.

REPASO

Los autores escriben para describir, entretener, explicar o convencer.

- Para deducir si el propósito del autor es describir, pregúntate: "¿Da el autor muchos detalles de una persona, lugar o cosa determinada?".

- Para deducir si el propósito del autor es entretener, pregúntate: "¿Cuenta el autor una historia personal o intenta hacerme reír? ¿Usa el autor una historia para enseñar una lección?".

- Para deducir si el propósito del autor es explicar, pregúntate: "¿Cuenta el autor hechos sobre alguna persona, lugar o cosa? ¿Me dice el autor cómo hacer o fabricar algo?".

- Para deducir si el propósito del autor es convencer, pregúntate: "¿Intenta el autor que haga, compre o crea algo?".

Lee esta historia sobre una colección rara. Mientras lees, pregúntate: "¿Por qué el autor escribió ésto?". Luego responde a las preguntas.

Algunos niños coleccionan monedas. Yo no puedo tener 25 centavos sin gastarlos. Algunos niños coleccionan animales de peluche. Pero mi cuarto es del tamaño de un armario. Yo colecciono algo mejor que monedas o muñecos.

Yo colecciono lápices. Es verdad: lápices. Cortos, largos, rojos, azules y, por supuesto, amarillos. Tengo una caja de zapatos llena de diferentes tipos de lápices amarillos. Hasta ahora, tengo más de 1,000 lápices.

¿No tienes mucho dinero ni mucho espacio? Bueno, quizá quieras comenzar tu propia colección de lápices. Los lápices no son caros. No ocupan mucho espacio. Y cuando alguien en tu clase pregunte: "¿Alguien tiene un lápiz que le sobre?", ¡tú ya sabes qué decir!

3. El autor escribió la lectura para
   Ⓐ entretener a los lectores con una historia sobre una colección de lápices.
   Ⓑ explicar cómo comenzar una colección de monedas.
   Ⓒ hacer que los lectores crean que tener una colección es el mejor pasatiempo.
   Ⓓ describir las clases de colecciones que las personas tienen.

4. Sabes que tu respuesta a la Pregunta 3 es correcta porque la lectura principalmente
   Ⓐ contiene muchos detalles que describen algo.
   Ⓑ presenta hechos o cuenta a los lectores cómo hacer algo.
   Ⓒ intenta convencer a los lectores.
   Ⓓ cuenta una historia agradable.

¿Cuál es la respuesta correcta y por qué?

Observa las opciones de respuesta para cada pregunta.
Lee por qué cada opción es correcta o no lo es.

3. El autor escribió la lectura para

● **entretener a los lectores con una historia sobre una colección de lápices.**

Esta es la respuesta correcta porque la lectura cuenta principalmente un cuento que es agradable de leer.

Ⓑ **explicar cómo comenzar una colección de monedas.**

Esta respuesta no es correcta porque la lectura no contiene información que explique cómo comenzar una colección de monedas. El autor menciona solamente que algunas personas coleccionan monedas, no cómo empezar una colección de monedas.

Ⓒ **hacer que los lectores crean que tener una colección es el mejor pasatiempo.**

Esta respuesta no es correcta porque la lectura no compara tener una colección con otro entretenimiento.

Ⓓ **describir las clases de colecciones que las personas tienen.**

Esta respuesta no es correcta porque la lectura no da principalmente muchos detalles sobre las clases de lápices que el autor colecciona.

4. Sabes que tu respuesta a la Pregunta 3 es correcta porque la lectura principalmente

Ⓐ **contiene muchos detalles que describen algo.**

Esta respuesta no es correcta porque la lectura no contiene muchos detalles que describan a una persona, lugar o cosa determinada. La lectura da algunas descripciones sobre la colección de lápices del autor, pero este no es el propósito principal.

Ⓑ **presenta hechos o cuenta a los lectores cómo hacer algo.**

Esta respuesta no es correcta porque la lectura no contiene principalmente hechos o información que enseñe o explique cómo hacer algo.

Ⓒ **intenta convencer a los lectores.**

Esta respuesta no es correcta porque la lectura no contiene principalmente opiniones que intenten hacer que los lectores hagan, compren o crean algo.

● **cuenta una historia agradable.**

Esta es la respuesta correcta porque la lectura narra una historia personal sobre algo que al autor le divierte hacer.

ALGO MÁS

Los textos se escriben con propósitos diferentes. A menudo, saber el tipo de texto que estás leyendo te ayuda a identificar el propósito del autor.

- Los artículos generalmente se escriben para describir o explicar personas, lugares o cosas.
- Las instrucciones se escriben para explicar cómo hacer algo.
- Las historias personales, adivinanzas y la poesía se escriben para entretener.
- Los anuncios y los artículos donde se expresa una opinión se escriben para convencer.

Lee cada texto. Luego responde a las preguntas.

La casa de los pájaros **Calle Principal N°. 28, Groton** Tenemos la mayor selección de alpiste, bañeras y comederos de pájaros de la ciudad. ¡También tenemos los precios más bajos! ¡Visítenos hoy!	**Un comedero sencillo** Primero, busca una piña de pino. Cúbrela con mantequilla de maní. Después, pásala sobre alpiste. Cuelga la piña de un árbol con una cuerda. Ahora, ¡siéntate y espera a que los pájaros lleguen!
Mi ventana Tengo un comedero de pájaros en mi ventana. Un día, un pajarito trataba de comer, pero un pájaro grande lo espantaba. Me preocupé por el pajarito. Pero tuve una idea. Puse una foto de mi gato en la ventana. Cuando vino el pájaro grande, se asustó ¡y nunca más volvió!	**El cardenal** Los observadores de pájaros disfrutan viendo los cardenales. Se encuentran en el Este de Estados Unidos y en partes de California. El macho es rojo brillante con cuello negro. La hembra es café, con alas y cola roja. Ambos tienen un penacho rojo en la cabeza.

5. El propósito principal del autor en *La casa de los pájaros* es
   - Ⓐ describir.
   - Ⓑ explicar.
   - Ⓒ entretener.
   - Ⓓ convencer.

6. El propósito principal del autor en *Mi ventana* es
   - Ⓐ describir.
   - Ⓑ explicar.
   - Ⓒ entretener.
   - Ⓓ convencer.

7. El propósito principal del autor en *Un comedero sencillo* es
   - Ⓐ describir.
   - Ⓑ explicar.
   - Ⓒ entretener.
   - Ⓓ convencer.

8. El propósito principal del autor en *El cardenal* es
   - Ⓐ describir.
   - Ⓑ explicar.
   - Ⓒ entretener.
   - Ⓓ convencer.

Lee esta fábula sobre dos ranas. Luego responde a las preguntas.

Las ranas y el pozo

Había una vez dos ranas que vivían juntas en un pantano. El pantano era un lugar maravilloso para las ranas. Siempre había muchos insectos para comer y mucha agua para beber.

Un caluroso día de verano, el pantano se secó. Ahora el pantano estaba tan seco como un desierto. Las dos ranas decidieron buscar otro lugar para vivir.

Después de un tiempo, las dos ranas llegaron a un pozo profundo. Una de las ranas miró dentro del pozo y vio agua. Le dijo a su amiga:

—¡Este parece ser un lugar agradable y fresco. Saltemos adentro y vivamos aquí!

La otra rana era más sabia y contestó:

—No tan rápido, mi amiga. ¿Qué pasa si el pozo se seca? ¿Cómo saldremos de ahí?

Moraleja: *¡Piensa antes de actuar!*

9. El autor escribió el primer párrafo principalmente para

- Ⓐ explicar por qué las ranas vivían en un pantano.
- Ⓑ intentar que los lectores aprendan sobre los pantanos.
- Ⓒ describir el pantano donde vivían las ranas.
- Ⓓ entretener a los lectores con una broma divertida sobre un pantano.

10. El autor escribió el párrafo 2 principalmente para

- Ⓐ entretener a los lectores con una historia sobre las ranas.
- Ⓑ explicar por qué tuvieron que mudarse las ranas.
- Ⓒ describir cómo se secó el pantano.
- Ⓓ convencer a los lectores para que sientan lástima por las ranas.

11. El autor escribió el párrafo 3 principalmente para

- Ⓐ describir el lugar donde a una rana le gustaría vivir.
- Ⓑ explicar por qué las ranas buscaban un nuevo hogar.
- Ⓒ convencer a los lectores para que aprendan más sobre los pozos.
- Ⓓ entretener a los lectores con un cuento gracioso sobre dos ranas.

12. El autor escribió la fábula principalmente para

- Ⓐ explicar por qué las ranas no viven en pozos.
- Ⓑ convencer a los lectores para que eviten los pozos.
- Ⓒ entretener a los lectores con un cuento que enseña una lección.
- Ⓓ describir cómo es un pozo.

CONSEJOS

- Una prueba sobre el propósito del autor puede preguntarte por qué un autor escribió un texto en particular. Este tipo de preguntas te pide el propósito del texto completo.
- Una prueba sobre el propósito del autor puede preguntate por qué se escribió un párrafo en particular. Este tipo de preguntas te pide el propósito de una parte del texto.

Lee las instrucciones para hacer un laberinto de papas. Luego responde a las preguntas. Elige las mejores respuestas a las Preguntas 13 y 14.

¿Qué necesitan las plantas para crecer? Además de agua, necesitan luz. Si colocas una planta en un lugar soleado, el tallo y las hojas crecerán hacia el sol. Puedes hacer un experimento para ver cómo crecen las plantas hacia el sol.

> **Materiales:** Caja de zapatos con tapa; tijeras; una papa con brotes; una maceta pequeña; tierra de abono; cinta o pegamento; carrete vacío, cajitas o bloques

1. Recorta un agujero en uno de los extremos pequeños de una caja de zapatos. El agujero debe tener el tamaño de una moneda de 25 centavos.
2. Coloca la papa en la maceta, con la mayoría de los brotes hacia arriba. Cubra la papa con tierra húmeda. Asegúrate de que los brotes sobresalen de la tierra. Coloca la maceta en la caja, en la parte opuesta al agujero.
3. Ordena los carretes, cajitas o bloques en la caja de zapatos para hacer un laberinto. Pega los objetos al fondo de la caja con cinta adhesiva o pegamento. Tapa la caja y colócala en una ventana soleada.
4. Revisa la caja uno que otro día para ver qué ocurre. Después de un tiempo verás que los brotes crecen alrededor de los objetos buscando la luz del sol. ¡Podrían hasta salirse por el agujero!

13. El autor escribió el primer párrafo principalmente para
- Ⓐ convencer a los lectores de hacer un experimento.
- Ⓑ explicar cómo crecen las plantas en la luz del sol.
- Ⓒ describir los resultados de un experimento.
- Ⓓ entretener a los lectores con un relato divertido.

14. Las instrucciones se escribieron principalmente para
- Ⓐ explicar cómo hacer un experimento con una papa.
- Ⓑ describir qué necesitan las plantas.
- Ⓒ animar a los estudiantes a hacer un experimento en la clase.
- Ⓓ entretener a los lectores con un artículo sobre papas con brotes.

Lee este artículo sobre un invento único. Luego responde a las preguntas sobre el artículo. Elige la mejor respuesta a las Preguntas 15 y 16.

A principios de la década de 1940, James Wright creó un nuevo tipo de goma para una compañía llamada General Electric. Su invento podía rebotar más alto que una pelota de goma y podía sacar la tinta que había sobre una página de periódico impresa. Sin embargo, esta nueva goma no tenía ningún uso práctico para General Electric. La compañía envió por correo muestras de la goma a varias personas para ver si hallaban algún buen uso para ella.

Un tiempo después, un trabajador de una tienda de juguetes, Paul Hodgson, vio a un grupo de adultos jugando con esta goma. Le sorprendió lo mucho que se estaban divirtiendo. Hodgson escribió a General Electric. Les preguntó si él podía vender la goma. En 1949, comenzó a venderla en paquetes en forma de huevo. Hodgson la llamó Silly Putty®. Silly Putty se convirtió en un gran éxito. Finalmente, se halló un uso para la nueva goma.

15. El autor escribió el primer párrafo principalmente para

- Ⓐ describir un nuevo tipo de goma que se inventó.
- Ⓑ explicar cómo se hace la goma.
- Ⓒ hacer que los lectores pongan a prueba sus propios inventos.
- Ⓓ entretener a los lectores con una historia sobre inventos graciosos.

16. Este artículo se escribió principalmente para

- Ⓐ convencer a los lectores de comprar Silly Putty.
- Ⓑ describir cómo funciona Silly Putty.
- Ⓒ explicar cómo se inventó un juguete tan popular.
- Ⓓ entretener a los lectores con una historia sobre Silly Putty.

INTERPRETAR EL LENGUAJE FIGURADO

PARTE UNO: Piensa en la estrategia

¿Qué es el lenguaje figurado?

¿Acaso te comieron la lengua los ratones? Si es así, no eres muy comunicativo. ¿Te levantaste de la cama con el pie izquierdo? Si es así, entonces estás de mal humor. El lenguaje figurado es el uso de palabras con un sentido distinto al que normalmente tienen.

1 Lee esta oración.

> No era mi intención decirle a todos la sorpresa.

2 Ahora lee la siguiente oración. Utiliza palabras distintas, pero tiene el mismo significado que la primera oración.

> No era mi intención ser un aguafiestas.

3 Escribe cuál oración es más interesante, la primera o la segunda. Explica por qué elegiste esa oración.

_____

_____

_____

Trabaja con un compañero

- Comenten sobre algunas de las palabras que han usado o escuchado que tengan un significado distinto a su significado normal. Pueden haber escuchado a alguien decir que se "siente como un toro" cuando se siente muy bien.

- Vean cuántos ejemplos de lenguaje figurado se les ocurre.

¿Cómo entiendes el lenguaje figurado?

A veces puedes usar el significado de una palabra en contexto para comprender el lenguaje figurado. Buscas las pistas en una lectura que te ayuden a imaginar qué nuevo significado pueden tener las palabras. Las pistas pueden estar en la oración donde aparecen las palabras. También pueden estar en la oración antes o después de la oración donde aparecen las palabras.

Lee esta historia sobre la Sra. Gómez. Trata de deducir el significado de la frase *soy peligrosa con*.

> Mi vecina, la Sra. Gómez, me pidió ayuda para arreglar su pajarera. —Debería ser fácil arreglarla con uno o dos clavos. Pero soy peligrosa con el martillo —dijo—. Me podría golpear los dedos por accidente.

1. Vamos a reducir las pistas para determinar el significado de la frase *soy peligrosa con*.

   Observa la siguiente tabla. Muestra tres oraciones: la que viene antes de la frase *soy peligrosa con*, la que contiene la frase *soy peligrosa con* y la que viene después de la frase *soy peligrosa con*.

   Observa con cuidado las oraciones que vienen antes y después de la frase *soy peligrosa con*.

Debería ser fácil arreglarla con uno o dos clavos.	Pero soy peligrosa con el martillo.	Me podría golpear los dedos por accidente.
Antes		Después

2. Ahora piensa en lo que indican las pistas que aparecen en las oraciones:

   La pajarera debería ser fácil de arreglar con uno o dos clavos.
   Pero la Sra. Gómez piensa que podría golpearse los dedos por accidente.
   Esto significa que la Sra. Gómez no es muy buena usando un martillo.

3. Entonces, la frase *soy peligrosa con* debe significar

_____ .

LO QUE DEBES SABER

Los símiles, metáforas y expresiones idiomáticas son tipos de lenguaje figurado. Los autores usan lenguaje figurado para ayudar a los lectores a crear imágenes en su mente. Al comprender el significado de un símil, metáfora o expresión idiomática, **interpretas lenguaje figurado.**

- Busca en una lectura las cosas que se comparan. Intenta hallar ejemplos de símiles o metáforas.

- Busca frases cuyas palabras tengan un significado diferente del uso común. Intenta hallar ejemplos de expresiones idiomáticas.

- El lenguaje figurado generalmente crea una imagen en la mente del lector. Usa esa imagen como ayuda para comprender el lenguaje figurado.

Lee esta oración. Mientras lees, piensa en las dos cosas que se están comparando.

El tornado era tan feroz como un *T. Rex*.

Las dos cosas que se comparan son un tornado y un *Tiranosaurio Rex*.
El escritor usa un **símil** para ayudar a los lectores a imaginarse lo terrible que era el tornado.
Un símil usa las palabras *como* o *tan... como* para comparar dos cosas.

Lee esta oración. Mientras lees, piensa en las dos cosas que se comparan.

Las piernas de Ned eran hojas temblorosas.

Las dos cosas que se comparan son las piernas de Ned y hojas temblorosas.
El escritor usó una **metáfora** para ayudar a los lectores a imaginarse lo nervioso que estaba Ned.
Una metáfora compara dos cosas, pero no usa las palabras *como* o *tan... como*.
Una metáfora dice que una cosa *es* otra cosa.

Ahora lee esta oración. Mientras lees, piensa en el significado de las palabras subrayadas.

El perro <u>le hizo ascos</u> a la comida.

Las palabras subrayadas significan que al perro no le interesaba la comida.
Las palabras subrayadas son una **expresión idiomática**.
Una expresión idiomática es una frase cuyas palabras tienen un significado diferente del uso común.

Interpretar el lenguaje figurado

Lee este artículo sobre la atleta Mia Hamm. Mientras lees, busca las cosas que se comparan. Busca también las palabras que tienen un significado diferente del uso común. Luego responde a las preguntas.

Muchos jugadores de fútbol creen que Mia Hamm es la mejor jugadora de fútbol del mundo. Tiene la velocidad de un guepardo. Además, puede detenerse y cambiar su dirección tan rápido como un zorro. Estas son habilidades importantes para un jugador de fútbol.

Mia jugó con el equipo femenino de fútbol de Estados Unidos en los Juegos Olímpicos de 1996. Derrotaron a China y ganaron la medalla de oro. Para Mia, fue una victoria para todas las mujeres atletas del mundo.

¿Qué hace una nueva estrella del deporte después de ganar una medalla de oro? Mia y su hermana visitaron la ciudad de Nueva York para divertirse un poco. Dijeron que iban a pasarlo bomba.

1. En el artículo, la velocidad de Mia se compara con la velocidad de
   - Ⓐ una estrella del deporte.
   - Ⓑ un zorro.
   - Ⓒ un jugador de fútbol.
   - Ⓓ un guepardo.

2. En el último párrafo, ¿qué significa la frase *divertirse un poco*?
   - Ⓐ "jugar fútbol"
   - Ⓑ "pasarlo bomba"
   - Ⓒ "hacer una excursión"
   - Ⓓ "comprar pelotas de fútbol"

Trabaja con un compañero

- Comenten sus respuestas a las preguntas.
- Digan por qué eligieron sus respuestas.
- Después comenten lo que han aprendido hasta ahora acerca de interpretar el lenguaje figurado.

REPASO

Los símiles, metáforas y expresiones idiomáticas son tipos de lenguaje figurado. Los autores usan lenguaje figurado para ayudar a los lectores a crear imágenes en sus mentes.

- Busca las cosas que se comparan en una lectura.
- Busca frases con palabras cuyo significado no sea de uso común.
- Piensa en cualquier imagen que se te ocurra mientras lees. Úsalas para comprender el significado del lenguaje figurado.

Lee este artículo sobre una pintura famosa. Mientras lees, pregúntate: "¿Qué imágenes vienen a mi mente?". Luego responde a las preguntas.

¿Has visto alguna vez esta pintura? Es una pintura famosa del artista Grant Wood. La pintura se llama *Gótico Americano*.

Grant Wood pintó *Gótico Americano* en el año 1930. La pintura se convirtió en un éxito de la noche a la mañana. Wood estaba contento de que a muchas personas les gustara su pintura. Él quería que la gente común, no solamente los artistas, disfrutaran de su obra.

A la mayoría de las personas les gustó el aspecto del hombre y la mujer. Se veían serios y trabajadores. Muchos pensaban que así debían lucir todos los estadounidenses. Otros pensaban que la pareja se veía tan rígida como el tronco de un árbol.

Hoy en día, podemos ver copias de la pintura de Wood en caricaturas y avisos publicitarios. A veces, cambian el rostro de la mujer y el hombre y los reemplazan por rostros de gente famosa, como estrellas de cine u otras personas que hacen noticia. A veces, los colocan en un ambiente nuevo. Presta atención a estas dos personas. Nunca se sabe dónde podrían aparecer.

3. En el párrafo 2, la frase *un éxito de la noche a la mañana* significa
   - Ⓐ "le gustó sólo a algunas personas".
   - Ⓑ "se veía de noche".
   - Ⓒ "se hizo popular de inmediato".
   - Ⓓ "demoró mucho para ser famosa".

4. La pareja de la pintura se compara con
   - Ⓐ una caricatura.
   - Ⓑ una estrella de cine.
   - Ⓒ una pintura.
   - Ⓓ un tronco de árbol.

¿Cuál es la respuesta correcta y por qué?

Observa las opciones de respuesta para cada pregunta.
Lee por qué cada opción es correcta o no lo es.

3. En el párrafo 2, la frase *un éxito de la noche a la mañana* significa

   Ⓐ "le gustó sólo a algunas personas".

   Esta respuesta no es correcta porque no hay detalles en el artículo que indiquen que la pintura le gustó sólo a algunas personas. De hecho, el artículo dice: *"A la mayoría de las personas les gustó el aspecto del hombre y la mujer"*.

   Ⓑ "se veía de noche".

   Esta respuesta no es correcta porque no hay detalles en el artículo que indiquen que alguien viera la pintura de noche.

   ● "se hizo popular de inmediato".

   Esta es la respuesta correcta porque los detalles en el artículo indican que la pintura le gustó rápidamente a mucha gente. El artículo dice: *"Wood estaba contento de que a muchas personas les gustara su obra"*.

   Ⓓ "demoró mucho para ser famosa".

   Esta respuesta no es correcta porque no hay detalles en el artículo que indiquen que la pintura demoró mucho tiempo en hacerse famosa. Los detalles indican lo contrario.

4. La pareja de la pintura se compara con

   Ⓐ una caricatura.

   Esta respuesta no es correcta porque no se hace una comparación entre la pareja y una caricatura. En el párrafo 4, el artículo indica que la pareja a veces aparece en caricaturas, pero esto no es una comparación.

   Ⓑ una estrella de cine.

   Esta respuesta no es correcta porque no se hace una comparación entre la pareja y una estrella de cine. En el párrafo 4, el artículo indica que los rostros de la pareja a veces son reemplazados por rostros de estrellas de cine, pero esto no es una comparación.

   Ⓒ una pintura.

   Esta respuesta no es correcta porque no se hace ninguna comparación entre la pareja y una pintura. El artículo indica que la pareja aparece en una pintura famosa, pero esto no es una comparación.

   ● un tronco de árbol.

   Esta es la respuesta correcta porque en el párrafo 3 el artículo dice: *"Otros pensaban que la pareja se veía tan rígida como el tronco de un árbol"*. La palabra *como* indica que se están comparando dos cosas en un símil.

Interpretar el lenguaje figurado

AIGO MÁS

- Piensa en las cosas que se comparan en un símil o en una metáfora. Pregúntate: "¿Qué tienen en común ambas cosas?". Ésto te ayudará a crear imágenes en tu mente.

- Mira las oraciones que rodean una expresión idiomática. Podrías hallar pistas de contexto como ayuda para descifrar su significado.

Lee este cuento exagerado sobre Paul Bunyan. Luego responde a las preguntas.

Paul Bunyan es el héroe de muchos cuentos exagerados. Existen más cuentos de Paul Bunyan que árboles en un bosque. La mayoría de los cuentos tratan de las cosas sorprendentes que hizo Paul.

Nadie parece saber exactamente cuándo nació Paul. Sin embargo, la mayoría de las personas coinciden en que era el bebé más fuerte y grande nunca antes visto. Siendo un bebé, Paul ya era tan grande y hambriento como un caballo. El compañero de juegos favorito de Paul era un enorme buey azul llamado Babe.

Paul era leñador. Se hizo famoso por derribar los bosques que alguna vez cubrieron Norteamérica. Trabajando como castores atareados, Paul y Babe despejaron la tierra para las granjas y los colonos. Después de un día de mucho trabajo, Paul y Babe tenían sed. Entonces, con sus propias manos cavaron los Grandes Lagos para tener siempre mucha agua para beber.

Después de que Paul y Babe despejaron terreno suficiente para las granjas de los colonos, partieron hacia Canadá. Desde allá, decidieron dirigirse a Alaska. Nadie está muy seguro de dónde están hoy en día.

5. En el párrafo 2, el tamaño de Paul se compara con el de

Ⓐ un buey.　　Ⓒ un caballo.

Ⓑ un árbol.　　Ⓓ un bosque.

6. *Existen más cuentos de Paul Bunyan que árboles en un bosque* significa que hay

Ⓐ pocos cuentos sobre Paul.

Ⓑ muchos cuentos sobre Paul.

Ⓒ cuentos sobre Paul que son difíciles de creer.

Ⓓ cuentos sobre Paul que siempre ocurren en el bosque.

7. El cuento exagerado dice que Paul y Babe trabajaron como castores atareados. Esto significa que ellos trabajaron

Ⓐ en estanques.　　Ⓒ como granjeros.

Ⓑ lentamente.　　Ⓓ muy duro.

8. En el último párrafo, la palabra *dirigirse* significa

Ⓐ "vivir en".

Ⓑ "viajar hacia".

Ⓒ "irse de".

Ⓓ "planear un viaje".

**Lee este artículo sobre la Copa Mundial de fútbol.
Luego responde a las preguntas.**

En julio del año 1998, Francia y Brasil se enfrentaron por el honor más grande del fútbol, la Copa Mundial. La Copa Mundial es para el fútbol lo que la Serie Mundial es para el béisbol.

Algunos pensaron que Francia no tenía posibilidad contra el equipo de Brasil. Ellos decían que Brasil era el mejor equipo, porque tenía a Ronaldo. A Ronaldo se le ha considerado como el mejor jugador del mundo. Algunos decían que Ronaldo era un tigre en la cancha.

Pero Francia tenía a Zinedine Zidane, el mago francés. Zidane era un excelente jugador, pero no anotaba goles con frecuencia. En el juego contra Brasil, Zidane anotó dos goles. "Estaba tan deseoso de hacer un gol en la Copa Mundial que anoté dos goles", dijo. El resultado final fue 3–0. ¡Francia era el nuevo campeón mundial!

La Copa Mundial

9. En el artículo, la Copa Mundial se compara con
   - Ⓐ un juego de fútbol.
   - Ⓑ un gran honor.
   - Ⓒ Francia y Brasil.
   - Ⓓ la Serie Mundial.

10. ¿Qué dos cosas se comparan en el último párrafo?
    - Ⓐ un juego de fútbol y un truco de magia
    - Ⓑ un campeón y un país
    - Ⓒ un jugador de fútbol y un mago
    - Ⓓ un equipo de fútbol y un gol

11. Las palabras *no tenía posibilidad* significan que el equipo francés
    - Ⓐ ganaría fácilmente.
    - Ⓑ probablemente no jugaría bien.
    - Ⓒ no tenía mucha esperanza de ganar.
    - Ⓓ tenía pocos jugadores que pudieran anotar goles.

12. ¿Cuál de las siguientes declaraciones es una metáfora?
    - Ⓐ Ronaldo era un tigre en el campo.
    - Ⓑ Brasil era el mejor equipo.
    - Ⓒ Zidane anotó dos goles.
    - Ⓓ El resultado final fue 3–0.

CONSEJOS

- En una prueba sobre interpretar el lenguaje figurado pueden preguntarte por el significado de un símil, una metáfora o una expresión idiomática.

- En una prueba sobre interpretar el lenguaje figurado pueden preguntarte por las cosas que se comparan en una selección.

Lee este cuento sobre sobre la visita de un niño a un museo. Luego responde a las preguntas sobre el cuento. Elige la mejor respuesta a las Preguntas 13 y 14.

Roberto acababa de entrar al museo con sus padres. Esta era su primera visita al museo, pero no estaba muy feliz. Sus amigos de la escuela le contaron que una visita al museo era tan divertida como limpiar tu propio cuarto.

Mientras Roberto caminaba por el museo, miraba aviones antiguos y cohetes espaciales. Vio un esqueleto enorme de brontosaurio que se destacaba en la altura sobre un grupo de niños reunidos. Roberto incluso vio a una mujer mostrando a un grupo de niños cómo funcionaba una bombilla. Roberto se entusiasmó rápidamente. "¡Mis amigos deben estar tomándome el pelo!", pensó Roberto. "Los museos tienen todo tipo de cosas divertidas". Roberto sabía que su primera visita al museo no sería la última.

13. En el cuento, una visita al museo se compara con

Ⓐ ir al colegio.

Ⓑ mirar aviones antiguos.

Ⓒ limpiar tu propio cuarto.

Ⓓ lanzar un cohete.

14. La frase *tomándome el pelo* significa que Roberto piensa que sus amigos están

Ⓐ hiriéndolo.

Ⓑ bromeando.

Ⓒ ayudándolo.

Ⓓ empujándolo.

Lee este artículo sobre la primera misión de un trasbordador espacial. Luego responde a las preguntas sobre el artículo. Elige la mejor respuesta a las Preguntas 15 y 16.

El día 2 de abril de 1981, el transbordador *Columbia* despegó desde Cabo Cañaveral, Florida. El capitán John Young y el Comandante Robert Crippen fueron elegidos para pilotar este primer vuelo de la nave. Su misión era probar que el transbordador funcionaría en el espacio y que podría usarse en más de una misión.

Los científicos nunca antes habían probado un trasbordador en el espacio. Ellos estaban nerviosos durante el lanzamiento y observaban como halcones mientras el *Columbia* despegaba.

Young y Crippen pasaron dos días en el espacio. En ese tiempo, fueron capaces de probar lo que esperaban los científicos. ¡El trasbordador había funcionado! Cuando se completó la misión, el 14 de abril, el *Columbia* aterrizó en forma segura en California. Los científicos estaban emocionados de darse cuenta de que los duros años de trabajo comenzaban a dar frutos.

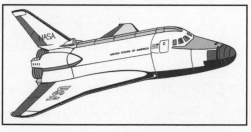

El transbordador Columbia

15. La frase *observaban como halcones* significa que los científicos miraban

Ⓐ lentamente.

Ⓑ felizmente.

Ⓒ cuidadosamente.

Ⓓ mientras volaba.

16. En la última oración, la frase *dar frutos* significa

Ⓐ "traer éxito".

Ⓑ "causar fracaso".

Ⓒ "recibir dinero".

Ⓓ "causar daño".

PARTE UNO: Piensa en la estrategia

¿Qué es realidad y qué es fantasía?

Las cosas que podrían ocurrir son reales. Las cosas que no podrían ocurrir son fantasía. Muchos libros y películas están llenos de cosas que no podrían ocurrir en la vida real. No hay enanitos que vivan bajo las escaleras ni los cerdos pueden en realidad construir casas de madera, de paja o de ladrillos.

1 Escribe el nombre de un programa de televisión, un libro o una película que trate sobre algo que pudiera ocurrir en la vida real.

_____

2 ¿Qué tipo de cosas podrían ocurrir?

_____

_____

3 Escribe el nombre de un programa de televisión, un libro o una película que trate sobre algo que <u>no</u> podría ocurrir en la vida real.

_____

4 ¿Qué tipo de cosas <u>no</u> podrían ocurrir en la realidad?

_____

_____

Trabaja con un compañero

- Comenten sobre las cosas que podrían ocurrir en la vida real y las que no.
- Piensen en libros que hayan leído o películas que hayan visto. También pueden usar su imaginación para pensar en sus propias ideas.

¿Cómo distingues entre la realidad y la fantasía?

A veces puedes deducir si lo que lees es realidad o fantasía. Si lees un artículo en un periódico, sabes que las cosas que ocurrieron son reales. Si lees un cuento exagerado, sabes que la mayoría de las cosas que ocurren son fantasía.

Lee este cuento sobre un lobo. Trata de deducir cuáles cosas pueden ocurrir realmente y cuáles no pueden ocurrir.

> Un lobo caminaba por el bosque. Se detuvo en un río para beber agua. Vio su cara reflejada en el espejo. —Nunca había visto mi propio cara —dijo el lobo—. Qué tipo tan atractivo soy. Y se fue saltando y bailando durante todo el camino a casa.

1. Piensa en lo que leíste. Leíste un cuento sobre un lobo.

2. Ahora, vamos a deducir qué podría ocurrir en la vida real y qué no podría ocurrir.

   Observa la siguiente tabla. Muestra lo que hace el lobo en el cuento.

3. Lee cada cosa que hace el lobo.

   Haz una marca al lado de "Realidad" si lo que hace el lobo podría ocurrir en la vida real.

   Haz una marca al lado de "Fantasía" si lo que hace el lobo <u>no</u> podría ocurrir en la vida real.

Cosas que hace el lobo	Lo que podría ocurrir	Lo que <u>no</u> podría ocurrir
Un lobo camina por el bosque.	✓ Realidad	☐ Fantasía
Un lobo bebe agua de un río.	☐ Realidad	☐ Fantasía
Un lobo ve su propia imagen en el agua.	☐ Realidad	☐ Fantasía
Un lobo habla.	☐ Realidad	☐ Fantasía
Un lobo salta y baila.	☐ Realidad	☐ Fantasía

LO QUE DEBES SABER

Las cosas que lees que podrían ocurrir en la vida real son **realidad**. Las cosas que lees que no podrían ocurrir en la vida real son **fantasía**. Al deducir las partes de una lectura que son reales y las que son fantasía, **distingues entre realidad y fantasía.**

- Las historias reales tratan sobre sucesos que podrían ocurrir.

- Las historias fantásticas tratan sobre sucesos que realmente no podrían ocurrir. Las pistas que indican que un cuento es fantástico son sucesos extraordinarios o inventados, lugares imaginarios, animales que hablan y personajes que hacen cosas imposibles.

- A menudo, algunas partes de un cuento son realidad y otras partes son fantasía.

Lee este cuento sobre un perro. Mientras lees, piensa en las cosas que podrían ocurrir en la realidad y las que no podrían ocurrir.

Rusty se despertó con los primeros rayos de sol. Él pasó el día explorando el campo.

En la noche, Rusty estaba listo para regresar a casa. Corrió hacia un taxi amarillo. El lanudo perro abrió la puerta y saltó dentro del carro. Rusty le pidió al chofer que lo llevara a casa.

Las cosas que podrían ocurrir en la realidad:

Rusty se despertó con los primeros rayos de sol.

Él pasó el día explorando el campo.

En la noche, Rusty estaba listo para regresar a casa.

Corrió hacia un taxi amarillo.

Las cosas que <u>no</u> podrían ocurrir en la realidad:

El lanudo perro abrió la puerta y saltó dentro del carro.

Rusty le pidió al chofer que lo llevara a casa.

Lee este cuento sobre una niña llamada Ángela. Mientras lees, piensa en qué cosas del cuento podrían ocurrir en la realidad y qué cosas no podrían ocurrir. Luego responde a las preguntas.

No es necesario despertar a Ángela los sábados. Los sábados en la mañana, Ángela salta de la cama. El sábado es el día del ballet. Ángela está ansiosa por llegar a su clase.

Después de desayunar, Ángela se prepara para ir al estudio de ballet. Ella recoge su cabello en un moño. Luego pone sus zapatillas de ballet en su bolso.

Mientras su mamá conduce hacia la clase, Ángela comienza a soñar despierta. Ella se ve en el centro de un escenario. Viste un traje brillante. En sus pies están sus zapatillas especiales de baile. Los pies de Ángela comienzan a moverse mientras sus zapatillas se encargan de todo. Realiza su rutina con elegancia. El público la aplaude mientras Ángela hace una reverencia.

1. ¿Qué suceso <u>no</u> podría ocurrir en la realidad?

Ⓐ Ángela salta de la cama los sábados en la mañana.

Ⓑ Ángela se prepara para la clase de ballet.

Ⓒ Ángela viste un traje brillante.

Ⓓ Ángela mueve los pies mientras las zapatillas se encargan de todo.

2. ¿Cómo sabes que este cuento es en su mayoría real?

Ⓐ Muchas bailarinas tienen zapatillas que se ocupan de mover los pies.

Ⓑ En la vida real, las personas pueden tomar clases de ballet.

Ⓒ Soñar despierto tiene relación con cosas que son reales.

Ⓓ Nadie puede bailar sin un par de zapatillas especiales.

Trabaja con un compañero

- Comenten sus respuestas a las preguntas.
- Digan por qué eligieron sus respuestas.
- Después comenten lo que han aprendido hasta ahora acerca de distinguir entre realidad y fantasía.

REPASO

Algunas de las cosas que lees son reales y otras son fantasía.

- Para deducir si lo que estás leyendo es en su mayoría real, pregúntate: "¿Podrían todos los sucesos ocurrir en la realidad? ¿Actúan los personajes como lo harían en la vida real?".

- Para deducir si lo que estás leyendo es en su mayoría fantasía, pregúntate: "¿Son algunos sucesos improbables o mágicos? ¿Los animales hablan? ¿Los personajes hacen cosas imposibles?".

Lee este cuento sobre un niño que encuentra algunas nuevas mascotas. Mientras lees, pregúntate: "¿Qué partes del cuento pueden o no pueden ocurrir? en realidad". Luego responde a las preguntas.

Las nuevas mascotas de Eddie

Eddie fue a explorar su patio. Estaba buscando grillos. Cuando encontró dos, los sacó con una pala y los puso dentro de un frasco. Añadió un poco de tierra, algunas hojas y un palito. Luego tapó el frasco y le hizo agujeros.
Después, Eddie colocó el frasco con sus nuevas mascotas en la ventana de su cuarto.

Esa noche mientras Eddie se metía en su cama, les dio las buenas noches a sus grillos.

—¡Buenas noches! —contestó uno de los grillos. Eddie parpadeó y miró el frasco de cerca. Vio a un grillo golpeando el vidrio.

—¿Nos dejarás libres mañana? —preguntó el grillo—. Nuestros padres deben estar preocupados por nosotros.

3. ¿Qué suceso podría ocurrir en la realidad?

   Ⓐ Los grillos de Eddie piden que los dejen libres.

   Ⓑ Eddie pone dos grillos dentro de un frasco.

   Ⓒ Eddie ve que un grillo golpea el costado del frasco.

   Ⓓ El grillos de Eddie dice: —Buenas noches.

4. ¿Cómo sabes que este cuento es en su mayor parte fantasía?

   Ⓐ Los niños no pueden ir a explorar sus patios.

   Ⓑ Nadie coloca frascos en una ventana.

   Ⓒ Las personas no le dan las buenas noches a sus mascotas.

   Ⓓ Las mascotas no pueden hablar con sus dueños.

¿Cuál es la respuesta correcta y por qué?

**Observa las opciones de respuesta para cada pregunta.
Lee por qué cada opción es correcta o no lo es.**

3. **¿Qué suceso podría ocurrir en la realidad?**

    Ⓐ **Los grillos de Eddie piden que los dejen libres.**

    Esta respuesta no es correcta porque los grillos no pueden hablar. Esta parte del cuento es fantasía. No podría ocurrir en la realidad.

    ⬤ **Eddie pone dos grillos dentro de un frasco.**

    Esta es la respuesta correcta porque un niño realmente puede colocar dos grillos dentro de un frasco. Esta parte del cuento es real. Puede ocurrir en la realidad.

    Ⓒ **Eddie ve que un grillo golpea el costado del frasco.**

    Esta respuesta no es correcta porque los grillos no pueden golpear. Esta parte del cuento es fantasía. No podría ocurrir en realidad.

    Ⓓ **El grillo de Eddie dice: —Buenas noches.**

    Esta respuesta no es correcta porque los grillos no pueden hablar. Esta parte del cuento es fantasía. No podría ocurrir en la realidad.

4. **¿Cómo sabes que este cuento es en su mayor parte fantasía?**

    Ⓐ **Los niños no pueden ir a explorar sus patios.**

    Esta respuesta no es correcta porque los niños en realidad sí pueden ir a explorar sus patios.

    Ⓑ **Nadie coloca frascos en una ventana.**

    Esta respuesta no es correcta porque las personas sí pueden colocar frascos en una ventana.

    Ⓒ **Las personas no le dan las buenas noches a sus mascotas.**

    Esta respuesta no es correcta porque las personas sí pueden dar las buenas noches a sus mascotas.

    ⬤ **Las mascotas no pueden hablar con sus dueños.**

    Esta es la respuesta correcta porque las mascotas no pueden hablar con sus dueños de la manera como los grillos lo hacen en el cuento.

ALGO MÁS

- Las historias reales incluyen biografías, informes de noticias y artículos informativos.
- Los cuentos de fantasía incluyen fábulas, cuentos de hadas, cuentos folklóricos, mitos, leyendas, cuentos exagerados y ciencia ficción.

Lee este correo electrónico que un amigo le escribió a otro. Luego responde a las preguntas.

De: Noriko S. <nsoto@stars.xyz>   Para: Sarah J. <sjohnson@comp.xyz>
Asunto: ¡Te extraño!

Querida Sarah:

¿Qué tal tu nueva casa? Han cambiado muchas cosas en el vecindario desde que te mudaste.

Mi gato, Esponja, no ha actuado de manera normal últimamente. Creo que te extraña. Ojalá pudiera hablar y decirme lo que le pasa.

La familia que se mudó a tu casa se ve extraña. Salen muy poco de la casa y cuando lo hacen, nunca saludan. Sus cortinas están cerradas todo el día. Mi hermano dice que quizás vienen del espacio exterior.

La semana pasada, no pude ir a mi clase de natación porque ¡me sentía como un perrito enfermo! Estoy en el nivel cuatro ahora. Espero alcanzar el nivel cinco antes de que termine el verano.

¿Cuándo vendrás a visitarme? Escríbeme pronto y déjame saber.

Noriko

---

5. ¿Qué podría ocurrir en la realidad?
   Ⓐ Sarah visita a Noriko.
   Ⓑ Los nuevos vecinos son de Marte.
   Ⓒ Noriko parpadea y Sarah aparece.
   Ⓓ El gato de Noriko le dice qué le pasa.

6. Sabes que la información en el correo es en su mayor parte real porque
   Ⓐ nadie tiene vecinos nuevos.
   Ⓑ Noriko tiene un gato que habla.
   Ⓒ el correo cuenta cosas que podrían ocurrir en la realidad.
   Ⓓ las personas actúan como perritos enfermos cuando se sienten mal.

7. ¿Qué no podría ocurrir en la realidad?
   Ⓐ Noriko recibe un correo de Sarah.
   Ⓑ Noriko conoce a los vecinos.
   Ⓒ Noriko se enferma y se convierte en un perro.
   Ⓓ Noriko llega al nivel cinco en su clase de natación.

8. ¿Qué podría ocurrir en la realidad?
   Ⓐ Una nueva familia se muda a la antigua casa de Sarah.
   Ⓑ La casa de Sarah desaparece.
   Ⓒ Esponja le dice a Sarah que la extraña.
   Ⓓ La maestra de Noriko es un hada.

Lee esta anotación de un diario. Luego responde a las preguntas.

3 de abril

Hoy nuestra clase hizo una excursión al Acuario de la Ciudad. ¡Había tantas cosas que ver!

Vimos pingüinos y focas. Les gusta nadar y lucirse ante los visitantes. Luego fuimos a ver diferentes reptiles, como serpientes y lagartos. También vimos muchas ranas. Algunas ranas viven en lugares que son cálidos y húmedos. Sus colores son brillantes.

Después fuimos a la piscina formada por la marea. Metimos las manos en el agua clara y salada y tocamos cangrejos, estrellas de mar y erizos de mar. Hasta había un pequeño cangrejo cacerola. Estos animales viven en el océano. Me pregunto si no echan de menos su casa.

Terminamos nuestra visita con la función del león marino. Vimos dos leones marinos bailando por el escenario y esperando su pescado de premio. Luego saltaron al agua e hicieron muchos trucos. Algunas personas se mojaron. Un león marino besó a la maestra.

Nos sentamos fuera y almorzamos la comida que llevamos. Después llegó la hora de volver a la escuela. Mientras estábamos en el autobús, la maestra preguntó que fue lo que más nos gustó. Le respondimos que era difícil elegir. Nos gustó todo lo que vimos.

9. ¿Qué podría ocurrir en la realidad?
- Ⓐ Las ranas viven en lugares cálidos.
- Ⓑ Los pingüinos salen de excursión.
- Ⓒ Los leones marinos van a un baile.
- Ⓓ Los cangrejos dicen que extrañan el océano.

10. ¿Qué no podría ocurrir en la realidad?
- Ⓐ Los leones marinos comen pescado.
- Ⓑ Los leones marinos besan a una maestra.
- Ⓒ Los niños viven en una piscina formada por la marea.
- Ⓓ Las ranas tienen colores brillantes.

11. ¿Qué podría ocurrir en la realidad?
- Ⓐ Los leones marinos hacen trucos.
- Ⓑ Los pingüinos viajan en autobús.
- Ⓒ Las estrellas de mar se van al cielo.
- Ⓓ Los leones les hablan a los visitantes.

12. ¿Qué no podría ocurrir en la realidad?
- Ⓐ Los niños almuerzan afuera.
- Ⓑ Las focas cantan y bailan en el escenario.
- Ⓒ Las focas se lucen ante los visitantes.
- Ⓓ Los niños se mojan en la función del león marino.

CONSEJOS

- En una prueba para distinguir entre realidad y fantasía pueden pedirte que digas la diferencia que hay entre las cosas que podrían ocurrir en la vida real y las que no podrían ocurrir.

- Una prueba para distinguir entre realidad y fantasía a menudo puede incluir las palabras *podría ocurrir en la realidad* o *no podría ocurrir en la realidad.*

Lee esta fábula de Esopo. Luego responde a preguntas sobre la fábula. Elige la mejor respuesta a las Preguntas 13 y 14.

El pájaro enjaulado y el murciélago

Un pájaro cantor estaba encerrado en una jaula que colgaba afuera de una ventana. El pájaro tenía la costumbre de cantar por la noche cuando todos los demás pájaros dormían. Una noche, un murciélago llegó y se colgó de las barras de la jaula. El murciélago le preguntó al pájaro por qué estaba en silencio durante todo el día y cantaba solamente por las noches.

—Tengo una razón muy buena para hacerlo —dijo el pájaro—. Una vez estaba cantando de día y un hombre se sintió atraído por mi canto. Entonces preparó su red y me atrapó. Desde ese momento, nunca más he cantado de día, sólo por la noche.

Pero el murciélago le dijo: —Ya no te sirve lo que haces porque eres un prisionero. Si hubieras actuado así antes de que te atraparan, todavía serías libre.

13. ¿Qué podría ocurrir en la realidad?
    Ⓐ Un hombre atrapa un pájaro.
    Ⓑ Un hombre se convierte en pájaro.
    Ⓒ Un pájaro escribe una canción.
    Ⓓ Un pájaro le enseña a cantar a un murciélago.

14. ¿Qué <u>no</u> podría ocurrir en la realidad?
    Ⓐ Un pájaro vive en una jaula.
    Ⓑ Un murciélago habla con un pájaro.
    Ⓒ Un pájaro se queda en silencio durante todo el día.
    Ⓓ Un murciélago se cuelga de la jaula de un pájaro.

Lee este cuento de hadas. Luego responde a las preguntas sobre el cuento. Elige la mejor respuesta a las Preguntas 15 y 16.

El príncipe rana

De todos los juguetes que tenía la princesa, el que más le gustaba era su pelota dorada. Un día, la pelota cayó dentro de un pozo oscuro y profundo. La princesa comenzó a llorar hasta que escuchó una voz profunda que le dijo:

—Si regreso tu pelota, ¿me harás una promesa?

La princesa vio una rana y le dijo que prometería cualquier cosa si le devolvía su pelota. Entonces la rana saltó al pozo y rápidamente regresó con la pelota.

—¿Qué quieres que te prometa? —preguntó la feliz princesa.

—Que me dejarás vivir contigo y serás mi amiga —dijo la rana.

—Tengo que pensarlo —dijo la princesa. La rana se dio cuenta de que la princesa no quería ser su amiga. Entonces le dijo adiós con lágrimas en los ojos.

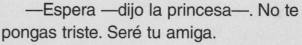

—Espera —dijo la princesa—. No te pongas triste. Seré tu amiga.

Ella levantó la rana con sus manos y la besó. De pronto, la rana desapareció y en su lugar apareció un guapo príncipe que le dijo:

—Sólo el beso de una princesa de buen corazón podía quitar el hechizo que tenía.

El príncipe y la princesa se convirtieron en buenos amigos. Un día, decidieron casarse. Y vivieron felices para siempre.

15. ¿Qué <u>no</u> podría ocurrir en la realidad?

Ⓐ Una pelota cae dentro de un pozo.

Ⓑ Una rana salta dentro de un pozo.

Ⓒ Una rana dice adiós con lágrimas en los ojos.

Ⓓ Una princesa se hace amiga de un príncipe.

16. ¿Qué podría ocurrir en la realidad?

Ⓐ Una rana le habla a una princesa.

Ⓑ Una rana le hace un favor a una princesa.

Ⓒ Un príncipe se convierte en rana.

Ⓓ Una princesa llora cuando pierde su juguete.

PARTE UNO: Lee una nota

Lee este anuncio de un concurso. Luego responde a las preguntas sobre el anuncio. Elige la mejor respuesta a las Preguntas 1 a 6.

¡SE CONVOCA A TODOS LOS JÓVENES ARTISTAS!

¿Te gusta dibujar o pintar? ¿Te gustan los animales? ¿Quieres hacer algo para ayudar a los animales? Entonces muévete como una flecha y busca tu pincel. Te necesitamos en el Concurso del Calendario de la Asociación Abram por la Fauna Silvestre.

Cada año, la Asociación Abram por la Fauna Silvestre publica un calendario. Queremos que el calendario del próximo año muestre tu obra. Elegiremos a 12 ganadores entre los dibujos y pinturas que recibamos. Las obras ganadoras aparecerán en el calendario del año próximo: "Los animales vistos por jóvenes artistas". Envíanos tu obra basada en uno de los siguientes temas:

- Personas que ayudan a los animales
- Las crías de animales
- Animales en peligro de extinción
- Hábitats afectados
- Los animales salvajes no son mascotas

Tu obra puede ser el primer paso para salvar la vida de un animal en peligro. No digas que estás muy ocupado. ¡Aparta un tiempo para ayudar a salvar la fauna salvaje del mundo! Lleva tu obra original a la Biblioteca Pública de Holden hasta el 1 de mayo. El veredicto se dará el 5 de mayo. A todos los ganadores se les avisará por correo.

Identificar el propósito del autor

1. El propósito del autor en el párrafo 2 es

Ⓐ explicar de qué trata el concurso.

Ⓑ entretener a los lectores con una historia sobre animales.

Ⓒ convencer a los lectores de que ayuden a los animales.

Ⓓ describir el trabajo de la Asociación Abram por la Fauna Silvestre.

Interpretar el lenguaje figurado

4. ¿Cuál de estas frases es un símil?

Ⓐ muévete como una flecha

Ⓑ te gusta dibujar

Ⓒ te gustan los animales.

Ⓓ te gusta hacer algo.

Identificar el propósito del autor

2. ¿Cuál es la intención del autor en el último párrafo?

Ⓐ informar a los lectores cómo participar en el concurso.

Ⓑ convencer a los lectores de que se inscriban en el concurso.

Ⓒ describir un cartel ganador de un premio.

Ⓓ entretener a los lectores con historias divertidas sobre animales.

Distinguir entre realidad y fantasía

5. ¿Qué suceso podría pasar en la realidad?

Ⓐ Un niño del planeta Venus gana el concurso.

Ⓑ un perro dibuja un cartel y lo envía al concurso.

Ⓒ Todos los años, la Asociación Abram por la Fauna Silvestre hace un calendario.

Ⓓ Uno de los jueces del concurso es un león.

Interpretar el lenguaje figurado

3. En el último párrafo, ¿Qué quiere decir la frase *aparta un tiempo*?

Ⓐ "mirar el reloj para ver la hora"

Ⓑ "dibujar un reloj"

Ⓒ "esperar para hacer algo"

Ⓓ "hacer algo aunque se esté ocupado"

Distinguir entre realidad y fantasía

6. ¿Qué <u>no</u> podría ocurrir en la realidad?

Ⓐ Un tigre vive felizmente en un apartamento.

Ⓑ Los niños ayudan a salvar los animales salvajes.

Ⓒ Algunos animales salvajes están en peligro.

Ⓓ Animales salvajes viven en Estados Unidos.

Lee el siguiente artículo sobre los gatos. Luego responde a las preguntas sobre el artículo. Elige la mejor respuesta a las Preguntas 7 a 12.

El cuidado y la alimentación de tu gato

Los gatos pueden ser muy divertidos, pero necesitan cuidados. Debes asegurarte de que tendrás suficiente tiempo para alimentarlo, para jugar con él y cepillarlo a diario. También necesitarás tiempo para limpiar su caja de arena. Los gatos dependen de sus dueños para todo. El dueño de un gato es como un padre o una madre.

Algunas personas creen que los gatos no son amistosos. Pero no es así. Los gatos no necesitan mucha atención. A veces no parecen ser amistosos. Pero a menudo los gatos son cariñosos y mimosos. Cuando un gato quiere ser mimado, salta a tu regazo. Si quiere ser acariciado, se restregará contra tu mano. Los gatos tienen una forma de mostrar otros sentimientos. Si la cola de un gato se levanta, está emocionado porque estás cerca. Si un gato bufa, déjalo solo. A veces los gatos necesitan apartarse.

Puedes alimentar tu gato con comida húmeda o seca. También puedes mezclarlas. Sólo asegúrate de que la comida es de buena calidad. Alimenta a tu gato dos veces diarias. Si le das comida enlatada, tira a la basura cualquier comida que no haya comido después de media hora. Nunca le des comida para perros a tu gato. Tampoco le des nunca chocolate, huesos o sobras de la mesa. Hasta los lácteos pueden enfermar a tu gato.

No le des muchas golosinas a tu gato. La mayoría tiene azúcar y grasa y pueden hacer que acumule peso. Los gatos más viejos a menudo tienen problemas de sobrepeso. No querrás empeorar el problema.

Tu gato debe tener agua fresca y limpia todo el tiempo. Cámbiale el agua al menos una vez al día. En los días cálidos, puedes ponerle un poco de hielo al agua de tu gato.

Una de las cosas más importantes que puedes hacer para proteger a tu gato es asegurarte de que lleve un collar con una placa especial. En la placa debe aparecer el nombre del gato y el número telefónico de tu casa. Si tu gato llega a extraviarse, quien lo encuentre puede ayudarlo a volver a casa.

Si estás dispuesto a llevar un gato a tu casa, recuerda que hay muchos de ellos que están listos para ser adoptados en los refugios de animales.

Identificar el propósito del autor

7. El autor escribió el artículo principalmente para

Ⓐ entretener al lector con una historia divertida sobre animales.

Ⓑ explicar la forma de cuidar a un gato.

Ⓒ convencer al lector de que adopte un gato.

Ⓓ describir las diferentes conductas de los gatos.

Identificar el propósito del autor

8. Sabes que la respuesta a la pregunta 7 es correcta porque el artículo principalmente

Ⓐ narra una historia agradable.

Ⓑ ofrece a los lectores información sobre como hacer algo.

Ⓒ trata de convencer al lector de que haga algo.

Ⓓ contiene principalmente detalles que describen animales.

Interpretar el lenguaje figurado

9. En el primer párrafo, a los dueños de gatos se les compara con

Ⓐ gatos.

Ⓑ padres.

Ⓒ mascotas.

Ⓓ niños.

Interpretar el lenguaje figurado

10. La frase *acumula peso* significa

Ⓐ "viene en grandes paquetes".

Ⓑ "come mucha azúcar".

Ⓒ "el gato engorda".

Ⓓ "el gato hace algo peor".

Distinguir entre realidad y fantasía

11. ¿Qué suceso podría ocurrir en la realidad?

Ⓐ Un gato le bufa a un extraño.

Ⓑ Un gato te llama cuando está perdido.

Ⓒ Un gato usa un cepillo para peinarse.

Ⓓ Un gato limpia su propia caja de arena.

Distinguir entre realidad y fantasía

12. ¿Qué suceso <u>no</u> puede ocurrir en la realidad?

Ⓐ Un gato tiene su cola levantada.

Ⓑ Un gato salta al regazo de su dueño.

Ⓒ Un gato hace su propia placa con su nombre y número de teléfono.

Ⓓ Un gato disfruta tanto la comida húmeda como la seca.

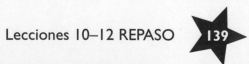

Lee este cuento folklórico indígena norteamericano. Luego responde a las preguntas sobre el cuento folklórico. Elige la mejor respuesta a las Preguntas 1 a 12.

La primera medicina

Había una vez un anciano muy enfermo que entró en una aldea iroquesa. Encima de cada *wigwam* (tienda india) había un símbolo. El símbolo indicaba a qué clan pertenecía el dueño de la *wigwam*. Una piel de castor significaba que el dueño era del clan de los castores. Una piel de un venado significaba que el dueño pertenecía al clan de los venados. El anciano fue de una a otra *wigwam* pidiendo alimento y un lugar donde dormir. Pero siempre lo rechazaban.

Finalmente, llegó a una *wigwam* con una piel de oso. Una mujer amable vivía allí. Ella dejó entrar al hombre a su tienda. El anciano le dijo a la mujer que saliera y buscara ciertas hierbas. Ella preparó estas hierbas siguiendo las instrucciones del anciano. El anciano se tomó la medicina y se mejoró en un dos por tres.

Pocos días después, al anciano le dio fiebre. Esta vez, él le dijo a la mujer que buscara unas hierbas diferentes. Nuevamente, esta medicina lo sanó. Esto se repitió muchas veces. Cada vez que el hombre se enfermaba, la mujer reunía las hierbas, hacía la medicina y lo curaba.

Al final, el anciano le dijo a la mujer que ahora ella sabía todos los secretos para curar enfermedades. Él le dijo que plantara un árbol de cicuta frente a su *wigwam*. El árbol crecería alto por encima de todos los demás. Esto demostraría que el clan del oso ocupa un nivel más elevado que los demás clanes.

Hallar la idea principal

1. El cuento folklórico trata principalmente sobre

   Ⓐ cómo una mujer aprende los secretos de la medicina.

   Ⓑ qué significaban los símbolos sobre las *wigwams* de los iroqueses.

   Ⓒ porqué hay tantos árboles de cicuta.

   Ⓓ cómo se hace medicina con las plantas.

Reconocer causa y efecto

4. ¿Qué ocurría cada vez que el anciano se enfermaba?

   Ⓐ La mujer salía a buscar osos.

   Ⓑ Las personas de la aldea lo rechazaban.

   Ⓒ Él le mostraba a la mujer cómo hacer una medicina nueva.

   Ⓓ La mujer plantó un árbol de cicuta frente a su tienda.

Recordar hechos y detalles

2. En el cuento folklórico, ¿qué piel de animal <u>no</u> se encontraba en la aldea iroquesa?

   Ⓐ castor

   Ⓑ oso

   Ⓒ coyote

   Ⓓ venado

Comparar y contrastar

5. ¿En qué se diferenciaba la mujer del clan del oso del resto de las personas de la aldea?

   Ⓐ Ella no rechazó al anciano.

   Ⓑ Ella tenía más espacio en su *wigwam*.

   Ⓒ Ella tenía una piel de animal encima de su *wigwam*.

   Ⓓ Ella sabía que el anciano tenía los secretos de la medicina.

Comprender la secuencia

3. ¿Qué hecho ocurrió por último?

   Ⓐ El anciano fue de una a otra *wigwam*.

   Ⓑ Una mujer amable dejó entrar al anciano.

   Ⓒ El anciano entró en una aldea iroquesa.

   Ⓓ Al anciano le dio fiebre.

Hacer predicciones

6. La próxima vez que un anciano enfermo entre en la aldea iroquesa, las personas probablemente

   Ⓐ huirán de la aldea y se esconderán.

   Ⓑ construirán una *wigwam* nueva para él.

   Ⓒ lo rechazarán, como hicieron antes.

   Ⓓ lo enviarán donde la mujer para que lo cure.

Hallar el significado de palabras por contexto

7. La frase del último párrafo *ocupa un nivel* significa
- Ⓐ "señala o hace un ruido".
- Ⓑ "tiene una posición dentro de un grupo".
- Ⓒ "despide un fuerte olor".
- Ⓓ "vive en cierto lugar".

Identificar el propósito del autor

10. El cuento folklórico probablemente se escribió para
- Ⓐ describir cómo era una aldea iroquesa.
- Ⓑ hacer que los lectores aprendan más sobre los iroqueses.
- Ⓒ explicar por qué las mujeres son buenas con ancianos enfermos.
- Ⓓ entretener con un cuento que habla de las primeras medicinas.

Sacar conclusiones y hacer inferencias

8. Según el cuento folklórico, puedes deducir que
- Ⓐ el anciano no quería compartir sus secretos con la mujer.
- Ⓑ las *wigwam* se fabricaban con varios tipos de pieles de animal.
- Ⓒ el anciano compartió sus secretos con la mujer porque ella lo ayudó.
- Ⓓ todas las enfermedades se pueden curar con hierbas.

Interpretar el lenguaje figurado

11. En el párrafo 2, la frase *en un dos por tres* significa
- Ⓐ "rápidamente".
- Ⓑ "nunca".
- Ⓒ "lentamente".
- Ⓓ "tranquilamente".

Distinguir entre hecho y opinión

9. ¿Qué afirmación es un *hecho*?
- Ⓐ El clan del ciervo es mejor que el clan del oso.
- Ⓑ El anciano es muy inteligente.
- Ⓒ La mayoría de las personas de la aldea eran egoístas.
- Ⓓ La mujer siguió las instrucciones del anciano.

Distinguir entre realidad y fantasía

12. ¿Qué suceso no podría ocurrir en la realidad?
- Ⓐ Un anciano enfermo entra en una aldea iroquesa.
- Ⓑ Un oso reúne hierbas para hacer medicina.
- Ⓒ Una mujer amable deja entrar a un anciano a su *wigwam*.
- Ⓓ Un árbol de cicuta crece muy alto.

Lee este artículo sobre un parque nacional. Luego responde a las preguntas sobre el artículo. Elige la mejor respuesta a las Preguntas 13 a 24.

La mayoría de las personas disfrutan visitando parques. Pero un parque nacional es diferente. Un parque nacional es un lugar especial de la naturaleza. Es un área reservada para que las personas de nuestro país la disfruten.

Yellowstone fue el primer parque nacional. Se creó en 1872. En un abrir y cerrar de ojos, las personas querían visitarlo. Todavía hoy, Yellowstone es uno de los parque nacionales más populares. Más de dos millones de personas lo visitan cada año.

Ante todo, las personas quieren ver animales salvajes. Animales grandes llamados bisontes viven en el parque. También viven allí alces, osos negros y osos grises. Hace mucho tiempo vivían lobos, pero los cazaron y en poco tiempo no quedaron muchos. Ahora los lobos están protegidos. Por eso, su número está en aumento.

¿Has oído hablar de la tierra burbujeante en Yellowstone? Son fuentes termales, o pozos de agua caliente. En algunos lugares el vapor de agua sale disparado por el aire. Estas fuentes se llaman géiseres. *Old Faithful* es un géiser famoso. Arroja chorros de agua y vapor cada 75 minutos.

En el verano de 1988 hubo un incendio en Yellowstone. A menudo ocurren incendios forestales, pero este ha sido el peor. Los trabajadores no pudieron controlarlo. Fuertes vientos esparcieron el incendio y el clima seco y caliente avivó el fuego. Se quemaron muchos bosques de pinos. Por fortuna, la mayoría de los animales escaparon del humo y las llamas.

Los científicos creen que los incendios en el parque son un suceso natural. La ceniza del incendio enriquece el suelo. Después de un incendio, el calor hace que las piñas de los pinos se abran y dispersen las semillas que se convertirán en árboles nuevos. ¡Busca los pinos nuevos si alguna vez visitas Yellowstone!

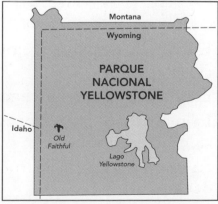

Hallar la idea principal

13. El mejor título para el artículo es
- Ⓐ "1872: Un año importante"
- Ⓑ "Todo sobre los parques nacionales"
- Ⓒ "Salven a los lobos del parque"
- Ⓓ "El Parque Nacional Yellowstone"

Reconocer causa y efecto

16. Los lobos de Yellowstone casi desaparecen porque
- Ⓐ no tenían alimento suficiente.
- Ⓑ los cazaron demasiado.
- Ⓒ los osos grises se los comieron.
- Ⓓ no pudieron escapar de los incendios.

Recordar hechos y detalles

14. Todos los años, Yellowstone recibe más de
- Ⓐ doscientos visitantes.
- Ⓑ dos mil visitantes.
- Ⓒ un millón de visitantes.
- Ⓓ dos millones de visitantes.

Comparar y contrastar

17. ¿De qué manera fue diferente el incendio de 1988 de otros incendios en Yellowstone?
- Ⓐ Los rayos causaron el incendio.
- Ⓑ Muchos animales murieron.
- Ⓒ Los trabajadores no pudieron controlar el incendio.
- Ⓓ El incendio hizo que crecieran pinos nuevos.

Comprender la secuencia

15. Estos cuadros muestran algunas cosas que sucedieron en el artículo.

En 1988, hay un incendio en Yellowstone.	→	Muchos pinos se queman en el incendio.	→	

¿Qué va en el cuadro vacío?
- Ⓐ Las semillas de los pinos producen árboles nuevos.
- Ⓑ Muchos lobos y otros animales mueren en el incendio.
- Ⓒ Agua hirviendo vuela por el aire.
- Ⓓ Los trabajadores controlaron el incendio rápidamente.

Hacer predicciones

18. Si visitas Yellowstone, lo más probable sería que
- Ⓐ vieras semillas convertirse en pinos nuevos.
- Ⓑ vieras muy pocas personas visitando el parque.
- Ⓒ vieras salir un chorro de agua y vapor de *Old Faithful*.
- Ⓓ vieras jirafas, elefantes y tigres en el parque.

Hallar el significado de palabras por contexto

19. En el párrafo 4, la palabra *arroja* significa

Ⓐ está enterrado.

Ⓑ lanza al aire.

Ⓒ derrumba.

Ⓓ chorrea.

Identificar el propósito del autor

22. El propósito del autor en el párrafo 3 es

Ⓐ describir la tierra y el agua de Yellowstone.

Ⓑ hacer que los lectores sientan tristeza por los lobos.

Ⓒ entretener a los lectores con un cuento exagerado sobre un oso.

Ⓓ explicar sobre algunos de los animales de Yellowstone.

Sacar conclusiones y hacer inferencias

20. Por el artículo, puedes deducir que

Ⓐ suceden cosas buenas cuando el fuego quema partes del parque.

Ⓑ los visitantes no volvieron después del incendio de 1988.

Ⓒ se permite la cacería de animales en el parque.

Ⓓ más visitantes van a otros parques que a Yellowstone.

Interpretar el lenguaje figurado

23. En el párrafo 2, la frase *en un abrir y cerrar de ojos* significa

Ⓐ "sorpresivamente".

Ⓑ "cuidadosamente".

Ⓒ "después de mucho tiempo".

Ⓓ "inmediatamente".

Distinguir entre hecho y opinión

21. ¿Qué afirmación es una *opinión*?

Ⓐ Yellowstone fue el primer parque que se creó.

Ⓑ En el verano de 1988, hubo incendios en Yellowstone.

Ⓒ Yellowstone es el lugar más emocionante para las vacaciones.

Ⓓ En Yellowstone viven bisontes, alces y osos.

Distinguir entre realidad y fantasía

24. ¿Qué no podría suceder en la realidad?

Ⓐ Viajar y visitar parques nacionales.

Ⓑ Las fuentes termales subterráneas arrojan agua al aire.

Ⓒ Manadas de bisontes recorren Yellowstone.

Ⓓ Los animales de Yellowstone meriendan con los visitantes.

Lee este cuento sobre un niño llamado Nick. Luego responde a las preguntas sobre el cuento. Elige las mejores respuestas a las Preguntas 25 a 36.

Así llegó mi bisabuelo

En la escuela aprendimos sobre los inmigrantes. Los inmigrantes son personas que dejan un país para vivir en otro. Un gran número de inmigrantes vino a los Estados Unidos a principios del siglo XX.

Cuando llegué a la casa, le pregunté a mi mamá si alguien de nuestra familia era inmigrante. Ella alcanzó un álbum de fotos en lo alto de un estante. Estaba lleno de fotos en blanco y negro de personas de su familia. Ella me mostró una foto de su abuelo. Me contó cómo su abuelo tuvo que escapar de su país natal. Había una guerra y había muchos combates.

—¿Es él mi bisabuelo? —pregunté.

—Sí —respondió Mamá. Sonreí.

Mi bisabuelo abordó un barco y atravesó el océano Atlántico hasta llegar a Estados Unidos. El barco llegó a Ellis Island en Nueva York. Todos bajaron del barco y esperaron dentro de un edificio grande. Los médicos  verificaron que mi bisabuelo estuviera saludable. Si no lo hubiera estado, lo habrían enviado de regreso a su país. Escribieron su nombre en un libro que registraba el nombre de todas las personas que entraban al país por Ellis Island. El libro también muestra las respuestas de algunas preguntas que les hacían. Dos de estas preguntas eran: "¿Cuánto dinero tiene?" y "¿Dónde va a vivir?".

Mi bisabuelo llegó aquí solo. No conocía a nadie. Otras personas llegaban con sus familias. A algunos miembros de la familia no les permitían quedarse porque estaban enfermos. Tenían que decidir ahí y en ese momento si se separaban o si se regresaban juntos a su país.

A mi bisabuelo le permitieron quedarse en Estados Unidos. Se quedó en la ciudad de Nueva York por el resto de su vida. Trabajó por un tiempo en una panadería. Luego se casó con mi bisabuela. Ella trabajaba en una fábrica. Ella era una costurera que hacía vestidos. Después mi bisabuelo fue oficial de policía. Murió antes de que yo naciera. Me hubiera gustado conocer a mi bisabuelo. Él debió haber sido muy valiente. Yo hubiera disfrutado mucho que él me contara sobre su vida.

Hallar la idea principal

25. ¿De qué trata la historia principalmente?

Ⓐ un hombre que llega a Estados Unidos desde otro país.

Ⓑ un niño que conoce la historia de su bisabuelo

Ⓒ una isla en Nueva York llamada Ellis Island

Ⓓ la gran cantidad de personas que vinieron a Estados Unidos a principios del siglo XX.

Reconocer causa y efecto

28. Si los médicos encontraban personas enfermas en *Ellis Island*, estas personas tenían que

Ⓐ quedarse en Ellis Island.

Ⓑ regresar a casa.

Ⓒ quedarse con su familia.

Ⓓ ir al hospital.

Recordar hechos y detalles

26. El bisabuelo de Nick vino a Estados Unidos porque

Ⓐ había una guerra en su país.

Ⓑ no tenía dinero para cuidar de su familia.

Ⓒ no tenía familia.

Ⓓ necesitaba un médico.

Comparar y contrastar

29. Una costurera es como una

Ⓐ panadera.

Ⓑ médico.

Ⓒ oficial de policía.

Ⓓ modista.

Comprender la secuencia

27. ¿Qué le ocurrió primero al bisabuelo de Nick?

Ⓐ Se casó.

Ⓑ Se hizo oficial de policía.

Ⓒ Llegó a Ellis Island.

Ⓓ Fue examinado por los médicos en Ellis Island.

Hacer predicciones

30. ¿Qué es más probable que Nick haga a continuación?

Ⓐ Escribirle una carta a su bisabuelo.

Ⓑ Convertise en oficial de policía.

Ⓒ Leer un libro sobre Nueva York.

Ⓓ Averiguar más sobre otros inmigrantes en su familia.

Hallar significados por contexto

31. Puedes deducir que un *inmigrante* es alguien que

Ⓐ vivió en Nueva York hace mucho tiempo.

Ⓑ viaja de un país para vivir en otro.

Ⓒ es el pasajero de un barco.

Ⓓ vivió a principios del siglo XX.

Identificar el propósito del autor

34. La historia fue escrita con el propósito de

Ⓐ entretener.

Ⓑ convencer.

Ⓒ explicar.

Ⓓ describir.

Sacar conclusiones y hacer inferencias

32. Según el cuento, puedes deducir que Nick

Ⓐ nunca ha estado en la ciudad de Nueva York.

Ⓑ nunca conoció a su bisabuelo.

Ⓒ estudia mucho en la escuela.

Ⓓ disfruta aprendiendo sobre otros países.

Interpretar el lenguaje figurado

35. En el párrafo 6, las palabras *ahí* y *en ese momento* quieren decir

Ⓐ "de inmediato".

Ⓑ "frente a los demás".

Ⓒ "después de un rato".

Ⓓ "una y otra vez".

Distinguir entre realidad y fantasía

33. ¿Qué afirmación indica lo que alguien piensa o siente?

Ⓐ Había una guerra y había muchos combates.

Ⓑ Él debe haber sido muy valiente.

Ⓒ Mi bisabuelo llegó aquí solo.

Ⓓ En la escuela aprendimos sobre las personas que llegaron hace mucho tiempo a Estados Unidos.

Distinguir entre realidad y fantasía

36. ¿Qué suceso <u>no</u> podría ocurrir en la realidad?

Ⓐ Un hombre viaja solo.

Ⓑ Una familia llega a Estados Unidos.

Ⓒ Un niño viaja en el tiempo para visitar a su bisabuelo.

Ⓓ Un médico examina si alguien está saludable.

Lee este cuento sobre una niña llamada Victoria. Luego responde a las preguntas sobre el cuento. Elige la mejor respuesta a las Preguntas 37 a 48.

Diestro o zurdo

Victoria llegó a clase aterrada. No podía hallar el informe en el que tanto había trabajado. Y se suponía que hoy tenía que exponer su informe a la clase. A Victoria se le hizo un nudo en el estómago. ¿Qué podía hacer? Ya había revisado su mochila tres veces. Caminó nerviosa hacia el maestro. Esperaba que él no se enojara.

Victoria le explicó su problema al Sr. Forrest. —Debo haber dejado el informe encima de mi escritorio en casa —dijo. El Sr. Forrest comprendió. Le dijo a Victoria que podía presentar su informe el día siguiente. Victoria respiró aliviada. Después de todo, el maestro no estaba enojado. Entonces, el Sr. Forrest le dijo a Victoria que al menos ella tenía que hablarle a la clase sobre el tema del informe. Victoria se paró al frente de la clase y comenzó.

—Siempre me he preguntado por qué algunas personas son zurdas y otras son diestras. Creo que este es un tema fascinante. Yo soy zurda. Sólo diez personas de cada cien son zurdas como yo. Vivimos en un mundo para diestros. La mayoría de las herramientas están hechas para diestros. He aprendido que hay muchas razones por las que algunas personas usan su mano izquierda mientras otras usan la derecha.

—El cerebro tiene dos lados, el izquierdo y el derecho. El lado derecho del cerebro controla el lado izquierdo del cuerpo. El lado izquierdo del cerebro controla el lado derecho del cuerpo. En la mayoría de las personas, el lado izquierdo del cerebro es la mitad más fuerte. Esa es la razón por la que el lado derecho del cuerpo puede hacer mejor las cosas. La mayoría de las personas escriben, leen y hablan utilizando el lado izquierdo del cerebro. Esto es distinto con los zurdos. El lado derecho de su cerebro es más fuerte. El lado izquierdo de su cuerpo puede hacer mejor las cosas. Esa es la razón por la que escriben con su mano izquierda.

Victoria terminó su charla con una pregunta: —¿Cuántos de ustedes son zurdos, aparte de mí? —Había veinte alumnos más en la clase de Victoria. Sólo uno alzó la mano.

Hallar la idea principal

37. El cuento principalmente trata de

Ⓐ por qué una niña olvidó su tarea.

Ⓑ cómo convertirse en zurdo.

Ⓒ por qué algunas personas son zurdas.

Ⓓ dónde dejó la niña su informe.

Recordar hechos y detalles

38. El Sr. Forrest puede describirse como

Ⓐ rudo.

Ⓑ comprensivo.

Ⓒ pensativo.

Ⓓ indiferente.

Comprender la secuencia

39. Los siguientes cuadros muestran algunas cosas que ocurrieron en el cuento.

	Victoria le explicó el problema a su maestro.	Victoria respiró aliviada.

¿Qué afirmación va en el recuadro vacío?

Ⓐ Victoria le preguntó a su clase cuántos eran zurdos.

Ⓑ Victoria explicó que el cerebro tiene dos lados.

Ⓒ Victoria se paró frente a la clase y empezó a hablar.

Ⓓ Victoria sintió un nudo en el estómago.

Reconocer causa y efecto

40. Victoria respiró aliviada porque

Ⓐ todavía tenía que hablar frente a la clase.

Ⓑ los estudiantes disfrutaron su informe.

Ⓒ su maestro no estaba enojado.

Ⓓ halló el informe en su mochila.

Comparar y contrastar

41. El problema de Victoria se puede comparar con

Ⓐ un resultado.

Ⓑ una dificultad.

Ⓒ una solución.

Ⓓ un desastre.

Hacer predicciones

42. Imagina que estás en un salón con cuarenta personas. Predice cuántas personas serían zurdas.

Ⓐ 4

Ⓑ 6

Ⓒ 12

Ⓓ 14

Hallar el significado de palabras por contexto

43. En el cuento, la palabra *aterrada* significa

Ⓐ "cansada".

Ⓑ "sorprendida".

Ⓒ "confundida".

Ⓓ "nerviosa".

Identificar el propósito del autor

46. El cuento fue escrito para

Ⓐ describir cómo se sentía una niña con la entrega de un informe.

Ⓑ explicar los hechos sobre las personas que son zurdas.

Ⓒ entretener a los lectores con una historia divertida.

Ⓓ convencer a los lectores de que aprendan más sobre por qué son zurdos o diestros.

Sacar conclusiones y hacer inferencias

44. Hay suficiente información en el cuento para deducir que

Ⓐ Victoria no necesitará llevar el informe a clase después de todo.

Ⓑ la mayoría de los compañeros de Victoria son diestros.

Ⓒ el lado izquierdo del cerebro de Victoria es más fuerte que el derecho.

Ⓓ Victoria recibirá una buena calificación por su informe.

Interpretar el lenguaje figurado

47. El cuento dice que *a Victoria se le hizo un nudo en el estómago*. Esto significa que Victoria

Ⓐ estaba preocupada.

Ⓑ tenía hambre.

Ⓒ estaba emocionada.

Ⓓ estaba enferma.

Distinguir entre hecho y opinión

45. ¿Qué afirmación indica lo que piensa o siente una persona?

Ⓐ "Yo soy zurda".

Ⓑ "Debo haber dejado el informe encima de mi escritorio".

Ⓒ "El cerebro tiene dos lados, el izquierdo y el derecho".

Ⓓ "Creo que este es un tema fascinante".

Distinguir entre realidad y fantasía

48. ¿Qué suceso podría ocurrir en la realidad?

Ⓐ Al estómago se le hace un nudo.

Ⓑ Una clase de veinte estudiantes desaparece a la vista del maestro.

Ⓒ De repente aparece un informe en la mochila de la niña.

Ⓓ Una niña habla frente a su clase.